_____ 드림

잘되는
식당의 비밀
숫자가 답이다

잘되는
식당의 비밀
숫자가 답이다

초판 1쇄 인쇄 2017년 10월 18일
초판 1쇄 발행 2017년 10월 25일

지은이 이경태

발행인 장상진
발행처 (주)경향비피
등록번호 제2012-000228호
등록일자 2012년 7월 2일

주소 서울시 영등포구 양평동 2가 37-1번지 동아프라임밸리 507-508호
전화 1644-5613 | **팩스** 02) 304-5613

ⓒ 이경태

ISBN 978-89-6952-201-6 03320

잘되는 식당의 비밀 숫자가 답이다

이경태 지음

경향BP

머리말

 이 책은 식당을 경영할 때 숫자에 대한 인식 전환이 얼마나 큰 변화를 가져오는가를 가르쳐 주고자 한다. 그래서 가급적 수의 변화로 경영 문제를 해결하고 잘나가는 식당으로 바뀐 사례를 들며 설명했다.

 예를 들어, 칼국수 한 그릇에 7,000원이다. 그것의 원가가 2,500원이라고 치면 원가 비중이 약 35%다. 모든 식당이 이렇게 판다. 그렇게 해서 식당을 안정적으로 경영할 수 있다면 더 바랄 나위가 없을 것이다. 그런데 대대로 내려오는 맛의 비법이 있지 않고서는 그렇게 했을 때 대부분 망하는 식당에 합류하게 된다.

 7,000원 칼국수를 원가 그대로 유지하고 손님에게 기가 막히게 감동적인 음식을 만들기는 실력이 무척 뛰어난 요리사라도 힘들다. 하물며 요리사가 아닌 컨설턴트인 필자로서는 더더욱 답이 없다. 더구나 필자는 라면 한 그릇도 제대로 못 끓인다. 그런데 필자의 식당 창업 승률은 8할이 넘는

다. 도대체 왜 그럴까?

  필자는 개념을 바꿨다. 아침에 3개를 먹으나, 4개를 먹으나 하루 7개를 먹으면 된다는 조삼모사라는 단어에서 힌트를 얻어서 개념을 바꿨다. 7,000원 칼국수는 변함이 없다. 원가 2,500원도 그대로다. 그런데 가성비를 높이기 위해서 손님에게 1,000~2,000원을 더 받는다. 그 받은 돈을 모두 음식에 쏟아 붓는다.

  필자의 계산은 변함없는데, 많은 사람이 이것을 착각한다. 7,000원 칼국수를 9,000원을 받고 추가한 2,000원을 다 음식에 보태면 결국 원가는 4,500원이고, 그러면 칼국수 원가 비중이 무려 50%라고 기겁을 한다. 면을 팔아서 50%의 원가를 들이면 뭐가 남느냐고 한다.

  코웃음이 나온다. 왜 잘 팔아 보지도 못하고서 미리 원가 타령을 하는지 딱하다. 칼국수 가격은 7,000원이다. 9,000원이 아니다. 9,000원은 7,000원의 칼국수 재료비를 손대지 않기 위해서 마련한 덤이다. 손님에게서 빼앗은 덤이다. 원래는 있지 않은 금액이다.

  2,000원을 더 받아서 그 값만큼 해물을 넣어서 칼국수를 만들거나, 2,000원으로 피자를 만들어 줄 수도 있고, 2,000원을 가지고 돌솥밥을 서비스로 내줄 수도 있다. 실제로 피자를 만들어 서비스로 주는 것은 시장에서 검증된 콘셉트이다.

  이 모든 것이 7,000원짜리 칼국수를 팔기 위해서다. 그래서 칼국수 원가는 2,500원인 35%가 맞다. 2,000원은 많이 팔기 위한 남의 돈이다. 내 돈이 아니다. 손님에게 받아서 다시 손님에게 되돌려 준 것뿐인데 손님은 나가면서 "이렇게 주고도 남아요?" 소리를 하게 된다.

이건 사실 대단한 계산법이다. 필자가 이것으로 승률 8할을 이룬 귀하고 귀한 노하우다. 그것을 이번 책에서 공개하려는 것이다. 이제는 공개해서 모두가 같이 잘되기를 바라는 선한 마음에서다.

모든 챕터의 이야기가 여기에 딱 부합하지는 않지만, 장사셈법, 새로운 계산법. 이기는 계산법을 돕는 이야기라고 봐 주면 큰 무리는 없을 것이다. 6장은 부록이라고 생각하고 보면 된다. 20년 노포의 진짜 컨설턴트로서 들려주는 귀한 이야기이다.

차례

6장 장사는 조삼모사다

1장

식당 경영은
산수 싸움이다

식당에 가 보면 참 답답할 때가 많다. 팔리지 않는 메뉴를 죽 나열한 것이야 그렇다 쳐도, 터무니없는 가격으로 손님을 곤란하게 하면서도 멀뚱한 표정을 태연히 짓고 있다.

부산역 근처의 한 도시락집이었는데, 도시락에 토핑으로 청양고추를 추가하면 500원이라기에, 궁금 삼아 주문을 했더니 도시락에 고추 반 개도 아니고, 1/3쯤을 썰어 올려주었다. 기가 찬 얼굴로 "이게 500원어치에요?" 물었더니 "본사에서 이렇게 주라고 해서요."라고 대답했다.

마트에 가면 청양고추 10개쯤이 990원이다. 개당 100원이다. 그런데 그 100원짜리를 1/3 정도 썰어서 올려주고 그걸로 500원을 추가로 받는 걸 너무도 당연히 생각했다. 나라면 부끄러워서 주인이 그렇게 주라고 시켜도 최소 1개는 넣어 줄 것 같다. 물론 1개를 썰어 준다고 해서 500원 가격이 용서받을 수 있는 것은 아니다.

팔리지 않으면 매출은 제로다. 없다. 없는 걸로 그치면 되련만 손해다. 준비한 재료는 버려야 하고, 새로운 음식을 준비하기 위해 재료를 사야 한다. 아무리 보관을 잘 한다고 해도 언젠가는 손실로 떠안게 된다.

그러므로 식당은 무조건 음식이 팔려야 한다. "맛있게 만들어라."라는 말은 하지 못한다. 이 세상에서 '맛있다.'의 기준은 너무나 주관적이고 들쭉날쭉이기 때문이다. 팔리려면 가치가 있어야 한다. 그런데 그 가치란 것을 만들어 내기가 너무 힘들다. 그렇다면 방법은 하나다. 방법을 바꾸는 거다. 조삼모사다. 10개를 팔아서 10만 원을 남기든, 100개를 팔아서 10만 원을 남기듯 똑같다. 그걸 경제학으로 풀어서 필자를 몰아붙일 필요는 없다. 어느 게 효율적이고 옳고 그른지 익히 아니까 말이다.

　다만, 필자는 10개를 팔아서 10만 원을 남길 자신이 있다면 하라는 소리다. 그런데 정말 10만 원이 남도록 10개를 팔 수 있을까? 기업들이 1,000원어치를 팔아서 겨우 46원 남겼다는 2014년 기사를 굳이 꺼내지 않아도, 식당 장사에서 점주가 얻어 가는 이익금이 본인 인건비를 포함해서 20%가 사실 안 된다는 사실을 안다면 말이다. 혹시 그 이상이라고 믿는다면 당장 식당 창업에 대한 꿈을 버리는 것이 좋다.

가격을 1,000원 올리면 6,000~9,000원짜리 음식 하나를 더 줄 수 있다

어떻게 하기에 1인분에 1,000원을 올렸는데 저런 소리가 나올까? 궁금할 것이다. 그런데 사실 진짜로 이 산수는 전혀 무리한 답도 아니고, 틀린 답은 더더욱 아니다. 완전한 정답이다.

6,000원짜리 칼국수라고 하자. 여기에 1,000원을 올려서 7,000원이 되었다. 그러면 이제부터 필자의 계산법을 들어 보자.

자, 식당에 칼국수를 먹으러 몇 명이 대체로 오는가? 당신이 손님이라면 칼국수집에 몇 명이서 가는가로 묻겠다. 통상 2명에서 3명이다. 4명까지라고는 하지 않겠다. 그 확률은 혼자 오는 확률과 같거나 살짝 나을 뿐이니 말이다. 2명이서 칼국수를 시키면 전보다 2,000원이 남는다. 3명이서 시키면 전보다 3,000원이 남는다. 이걸 모르지는 않을 것이다.

그러면 2,000원을 재료비로 다 사용하면 얼마짜리가 만들어질까? 3,000원을 재료비로 다 사용하면 얼마짜리가 만들어질까? 재료비 2,000원을 넣어서 겨우 판매가 3,000원짜리를 만들면 되겠는가? 인건비에 임대료, 물이며 가스비는 무엇으로 내려고 3,000원짜리일까? 재료비 2,000원을 들이면 최소 6,000원에 준하는 상품이 만들어질 것이다. 만약 3,000원을 재료비로 사용한다면 최소 9,000원에는 팔릴 만한 무언가를 만들 수 있다.

바로 이 개념을 잡아야 한다. 가격을 올려서 개당 1,000원 이익 보기를 하라는 뜻이 아니다. 겨우 1,000원 마진 더 남기자고 이런 이야기를 하는 게 아니다. 무엇보다 가격만 올려서 수익이 늘어나는 일은 없다. 가격이 오르면 그만큼 팔리지 않는 점도 계산에는 적용되기 때문이다. 가격이 오를 땐 명분이 있어야 하고, 가격이 오른 만큼 상품의 가치도 올라야 손님의 수가 유지된다는 것은 중학생 정도라면 다 할 수 있는 계산이다.

필자는 지금 식당을 운영할 때 남들이 하지 않는 산수싸움을 설명하는 중이다. 이미 필자가 수백 곳을 컨설팅하며 경험한 결과치를 여러분에게 설명하려는 것이다. 왜 그럴까? 제발 맥없이 무너져 그 피땀 흘려 모은 재산을 날리지 않기를 바라는 마음에서이다. 기왕 시작한 식당, 제발 좀 똑부러지게 잘해서 웃음이 많아지기를 바라는 마음에서이다. 진심이다.

당신이 6,000원짜리 칼국수를 팔면서 장사가 잘되기를 바란다면 다음과 같은 방법을 생각해 볼 것이다.

- 6,000원을 유지하고 더 좋은 재료를 쓰는 방법

- 6,000원을 유지하고 반찬을 더 주는 방법

- 6,000원을 유지하고 비법을 배워 끝내주는 칼국수를 만드는 방법

- 6,000원을 유지하고 좋은 사람을 써서 서빙하는 방법

그런데 필자는 이런 방법을 하지 않는다. 자신이 없기 때문이다. 그런 능력과 기술은 단 한 번도 가져 보지 못했기 때문이다. 그런데 7,000원을 받고 그 1,000원을 손님에게 쓰면 놀라운 일이 일어나는 경험은 숱하게 했다. 기존과 같은 재료를 쓰면서도 1,000원으로 손님을 줄 세웠고, 기존의 반찬에 1,000원을 보태어 놀라게도 해 봤다. 맛은 거기서 거기지만 손님이 엄지를 세우고 말고는 식당도 1,000원을 보탰기에 가능했다.

1,000원은 둘이면 2,000원, 셋이면 3,000원이 된다. 그것은 3배로 부풀려진다. 그래서 1,000원이 결국 6,000원 혹은 9,000원의 무기로 변하는 것이다. 이 책을 끝까지 읽고 나면 무슨 소리인지 명확히 알게 될 것이다.

1인 1식을 버려라,
그러면 놀라워진다

필자가 남의 식당에 가서 가장 혀를 차는 일이 1인 1식이다. 안다. 오죽 하면 대놓고 1인 1식이라고 하는지 그 속내를 모르지 않는다. 필자도 100 평짜리 횟집과 15평짜리 찌개집을 차려서 시원하게 말아먹은 경험이 있기 에 모르는 바 아니다. 죽기 일보 직전의 마음을 필자도 30대에 두 번이나 겪어 봤기에 강 건너 불구경 식으로 떠드는 말이 아니다. 좋은 식당 경영 을 위한 계산법을 설명하기 위해서이다. 실제로 필자가 만든 식당의 결과 치가 사뭇 자신만만하게 나왔기 때문이다.

3명이서 반찬을 2벌 달라고 하고는 2인분만 먹으면 얄밉다. 4명이서 3인 분, 심지어 2인분만 달라고 해서 공깃밥 추가하면 꼬집고 싶다. 충분히 이 해한다.

- 2명이서 반찬을 자꾸 리필해서 먹는다. 이걸 어떻게 해야 할까? 못 먹게

  할 수 있나?

- 2명이서 4인 테이블에 앉아서 먹는다. 2명은 2인 테이블에서만 먹어야 하

  나? 그렇게 하면 2명 손님이 기꺼이 들어올까?

  아직 필자의 의도를 눈치채지 못했다면, 어쩌면 당신은 식당을 운영하며 한없이 손님과 끝이 나지 않을 싸움을 하다 지칠지 모른다.

  한 번 더 독하게 말해 보겠다. 4명이 2~3인분 시키는 게 꼴 보기 싫어 죽겠다면 모든 테이블을 2인석으로 바꾸고, 이동되지 않게 만들면 된다. 그러면 된다. 또 반찬 리필이 배 아프다면, 아예 반찬에 가격을 매겨서 팔면 된다. 자, 이렇게 할 자신이 있는가? 이렇게 해서 손님을 오게 할 자신이 있는가? 없다면 이제 그건 버리자. 아무것도 아니다. 눈만 질끈 감으면 아무것도 아닌 일이다.

  배고픈 손님 2명이 먹지 않겠다는 1명을 꼬드겨서 "저긴 3명이 2인분도 되니까, 너도 그냥 가서 앉아 있어. 괜히 너 혼자 다른 곳에서 기다리지 말고……." 이렇게 해서 우리 식당에 왔다고 생각하면 된다. 얼마나 고마운가? 2명은 와 준 것이다. 2인분의 매출은 올려 주는 것이다. 만일 안 먹는 나머지 1명이 "거긴 눈치 보여서 못 가. 안 갈래. 너희끼리 가."라고 했을 때 그 친구들의 관계가 너무 좋아서 "그러면 오늘 우리 셋 다 굶자. 다이어트 하고 좋네."라고 할 수도 있는 일이다. 이때는 누가 손해인가? 3명에게 2인분을 판 식당이 손해일까? 3명도 못 받고 1인분도 팔지 못한 식당이 손해일까?

4명서 2인분 시키고 반찬을 2벌 먹는다고 타박하지 않아도 된다. 2명이서 6인분 반찬을 달라고 해도 줘야 하는 입장 아닌가? 그게 정말 싫으면 모든 반찬 추가에 가격을 매겨야 한다. 거꾸로 생각하면 좋은 일이다. "얼마나 이 집은 맛있으면 4명이 앉은 테이블이 이렇게 많지?"로 손님들이 봐 준다면, 결국 식당에 이롭다.

3명이 2인분을 시키고서 "왜 이렇게 양이 작아요?" 하는 건 진상이니 그런 손님은 버리면 된다. 대꾸할 필요도 없다. "아니, 3인분 시키지 않아도 드린 음식을 3명이서 2인분에 양이 작다고 하면 누가 잘못한 걸까요?"라고 쏘아붙여라. 그런 배짱은 부려도 좋다.

4명이서 2인분 시키고서 반찬을 계속 리필한다고 하자. 그때는 '내가 하는 뷔페 식당에 오늘따라 단체로 운동선수들이 와서 밑지고 파는 날'이라고 맘을 먹고 갖다 주면 된다. 대신 이때도 한마디 멘트는 필수다. "오늘 우리 집 손해는 담에 곱빼기로 팔아 주는 겁니다." 눈치가 있다면 알아들을 것이고, 양심이 있다면 담에 기꺼이 팔아 주기 위해 올 것이다.

필자가 만든 공릉동 아이엠부대찌개에선 라면사리가 공짜다. '1인 1식에만 드린다.'는 말 따위는 없다. 인원수보다 애초부터 찌개를 적게 주문하라고 하고, 거기에 라면사리까지 있으니까 4명이 2인분도 흔하다. 한 번은 대학생 4명이 부대찌개 2인분에 사리 16개를 먹더란다. 주인이 그 광경을 내내 지켜보다가 계산할 때 "오늘 4명이서 사리 16개밖에 못 먹었어요. 다음에는 기록

깨세요. 파이팅~."

4명이 2인분 시킨 걸 타박도 하지 않고, 사리를 그만큼 먹었는데 파이팅을 외쳐 주는 식당 주인을 당신은 본 적이 있는가? 4명에서 16개를 먹은 당사자, 그 광경을 지켜본 사람들, 주인의 그 화통한 멘트가 구전이 되겠는가, 안 되겠는가? 소문이 나는 식당. 한 번이라도 경험해 본 적이 있는가?

그래서 테이블 10개에서 일 15회전이라는 경이적인 기록을 세울 정도의 식당이 되었다. 그런 배짱은 필자의 산수법에서 나온다. 매일매일 주입하는 맛창식 산수가 습관이 되어 몸에 익으면, 이런 경영은 사실 이야깃거리도 못 된다. 지금 바로 그런 이야기를 하려는 것이다. '1인 1식으로 매출을 올리세요.', '식당이 물러서지 마세요.' 그런 말이 아니라, 생각을 바꾸고 관점을 바꾸면 식당산수는 매우 쉬워진다는 경험치를 알려 주려는 것이다.

하나 묻자. 고깃집에서 첫 고기 주문을 인원수대로 하던가? 이 한 줄에 많은 의미가 담겨 있다. 당신만 모를 뿐이다. 혹은 이해하지 않으려고 할 뿐이다. 먼저 생각이 바뀌면 그 열매는 온전히 당신 것이 된다.

소·중·대는
최소 3,000원 이상 올려라

  당연한 소리다. 1인분에 1,000원이니까, 소·중·대로 파는 음식은 최소가 3,000원이다. 3,000원을 더 남기기 위한 가격 올림이 아니다. 손님을 만족시키기 위한 3,000원이다. 그러니까 올려진 3,000원은 모두 재료에 쓰는 것이다. 그러면 이것 역시 앞에서 한 말처럼 3배의 상품이 될 터이니 9,000~1만 원 정도의 상품이 된다.

  이미 필자의 다른 책을 읽은 분들은 그것의 대표적인 예가 피자라는 것을 알 것이다. 피자의 원가는 대략 3,000원이다. 모든 피자가 아니라, 또띠아를 이용해서 만든 고르곤졸라 피자의 원가가 3,000원쯤이다. 그런데 피자집에서 파는 고르곤졸라 피자의 가격은 최소 1만 원 이상이다.

  당연히 피자집이라면 원가와 판매가일 테지만 피자집이 아닌 곳에서

3,000원의 가격을 올려서 손님을 만족시키기 위한 도구로는 피자가 아주 매력적이라는 뜻이다. 필자의 피자 서비스 이후 대한민국에 피자 바람이 불어 주꾸미를 파는 집, 족발을 파는 집, 짬뽕을 파는 집에서 피자를 서비스하는 곳을 지금도 흔하게 볼 수 있다.

　다시 한 번 가격을 올려 생긴 3,000원으로 피자를 하라고 말하고 싶은 마음은 없다. 감자탕, 해물탕, 아구찜 등을 파는 식당이라면 1,000원 올려서는 티도 나지 않을 테니, 소·중·대 가격을 최소 3,000원에서 5,000원씩 올려 보자. 3만 원짜리 감자탕을 3만 3,000원으로 올리면 손님은 싫어할 것이 분명하다. 싫어하면 재방문하는 간격이 길어질 테고, 혹여나 소문이라도 안 좋게 난다면, 그깟 3,000원 인상한 이유로 식당은 폐업이라는 종이를 써 붙여야 할지도 모른다. 그렇게 위험한 시도를 왜 하라고 하느냐고? 아니다. 3만 원에서 오른 3,000원은 당신의 몫이 아니다. 당신 주머니로 들어가지 않는다. 그건 산수가 아니다. 그건 그냥 당신 욕심일 뿐이다.
　오른 3,000원은 손님에게 더하기인데, 그걸 이제 더 큰 더하기로 만들어 내야 한다. 그래서 결국 손님이 더 커진 가격에서 빼도록 해야 한다. 이게 무슨 뜻이냐면? 3만 원짜리 아구찜을 3만 3,000원으로 올렸다. 아무 일도 하지 않고 올릴 때가 되어 가격을 올렸다. 손님 입장에서는 지난달에 3만 원에 먹었던 아구찜을 이번에 먹을 때 3,000원을 더 줬다. 달라진 것은 하나도 없는데 3,000원이 오를 시점이 되어서 올랐다고, 아구 원가가 올라서 올렸다고 더 달래서 줬다. 이렇게 되면 손님은 3,000원을 뺏긴 꼴이다.

반대로 3만 원짜리 아구찜이 3만 3,000원으로 올랐는데, 그전에는 주지 않았던 백숙을 함께 줬다. 원가 3,000원짜리 백숙이라지만 돈을 주고 사 먹는다면 최소 1만 원은 줘야 할 것이다. 그게 손님들이 살아오면서 식당을 경험하며 얻은 인지 가격이니 말이다. 1만 원짜리 백숙을 시킨 것은 아니지만, 그냥 줬다. 결국 3만 3,000원에 손님은 3만 원짜리 아구찜과 1만 원짜리 백숙을 먹은 것이다. 결국 다시 말해 아구찜을 2만 3,000원에 먹은 셈이다. 백숙 가격을 3만 3,000원에서 지레짐작으로 빼기에 나오는 계산이다.

어떤 손님이 이런 계산을 할 것이냐고 비웃을지 모른다. 괜찮다. 실제로 필자는 이렇게 해서 손님을 늘렸고, 방송에도 나왔으며, 행복한 식당을 만들었다. 해 보지도 않고, 의심으로만 변명을 일삼는 사람들은 그렇게 장사하면 된다. 아무도 신경 쓰지 않는다. 대한민국에 1년 안에 망하는 식당의 수가 어디 한둘인가 말이다.

그렇게 하지 않아도 소자를 3만 원 받아서는 남는 게 없다고 말할 수 있다. 충분히 인정한다. 그러면 가격을 올려서 남게 만들어 봐라. 많이 팔리게 만들어 봐라. 값을 올리고도 지금보다 많이, 아니 지금만큼이라도 팔리게 만들 자신이 있다면 그렇게 하면 된다. 굳이 필자의 산수법을 이해하지 않아도 된다.

횟집에서는 한 상 가격을 받는다. 5만 원, 6만 원, 7만 원을 받는다고 치

자. 거기에 모두 5,000원씩을 더 올려 보자. 그리고 그 5,000원으로 누가 주문한 생선의 뼈인지도 모를 뼈탕을 매운탕이라고 속이지 말고, 대구 한 마리를 통째로 넣어서 줘 보자. 어떤 일이 생기는지 머릿속으로 한 번 계산해 보자. 손님은 전보다 비싼 값을 냈으니 5,000원을 빼앗겼다고 생각할까? 아니면 5,000원짜리 재료가 들어갔으니 최소 1만 5,000원짜리 매운탕이라고 생각할까? 손님이 7만 5,000원을 내고 억울해할 것인지, 7만 5,000원에서 1만 5,000원을 매운탕 값으로 빼고 6만 원이라고 생각할지 가슴에 손을 얹고 생각해 보자.

손님의 계산법은 단순하다. 식당 주인이 스스로 꼬아서 생각할 뿐이다. 올린 값에 자기 몫을 챙기고 싶은 욕심 탓에 손님의 계산법을 상상하지 않는 것이다.

4인 테이블에서
몇 명이 먹든 따지지 마라

앞에서 했던 이야기를 다시 복습하는 시간이다. 그만큼 이건 매우 중요한 포인트이기 때문이다. 4인 테이블에는 4명만 앉는 게 아니다. 1명은 그렇지만, 2명이 4인 테이블을 쓰는 건 자연스럽고 당연한 일이다. 가져온 짐이라도 놓으려면 2인 테이블은 매우 불편하다.

고깃집에 가면 원형 테이블이 있다. 이것도 4인석이지만 친한 사람들이 끼어 앉다 보면 8명도 앉을 수 있는 마법의 테이블이다. 반면에 사각 테이블은 최대 6명이 앉을 수 있다. 물론 테이블 2개가 붙어 있다면 한 테이블당 5명이 최대일 것이다. 그렇게 5명이 한 테이블에 앉았다고 치자. 여기서 5인분을 주문해야 하는가? 그 계산이 매우 상식적이고 합리적인 계산법인가?

만일 그것이 맞다면, 그래야 하는 것이 대중적 상식이라면 굳이 비좁게 내 돈을 내면서 그렇게 앉을 이유가 없을 것이다. 5명이서 두 테이블에서 여유 있게 3명과 2명으로 나눠 두 상을 쓰려고 할 것이다.

바로 이것이다. 5명이 두 테이블을 쓰는 게 아니라, 한 테이블을 쓰겠다고 먼저 제안한 손님들이다. 그러면 얼마나 고마운 일인가? 당연히 테이블 하나는 다른 손님을 받을 수 있을 테고, 그 자리에 2명이 앉을지, 4명이 앉을지는 몰라도 어쨌든 최소 2명은 앉아 줄 것이다. 2명의 매출이 새롭게 발생할 여지가 있다는 뜻이다. 그렇다면 그 5명이 앉은 테이블 하나에서 무리하게 매출을 뽑아야 할 이유가 없다. 4인분도 좋고, 심지어 3인분도 좋다.

어차피 5명이 두 테이블로 쪼갰을 경우의 최대치는 3인분과 2인분이다. 그러니까 5명이서 테이블 하나를 쓴다면 3인분이어도 괜찮다는 것이다. 쓰지 않은 하나의 테이블에서 최소 2인분의 매출이 나올 것이기 때문이다. 게다가 또 다른 소득은, 테이블 2개에 5명이 앉은 풍경과 1개의 테이블에 5명이 모여 앉은 풍경이 다르다. 어느 풍경이 식당에 유리한 쪽으로 보일까는 굳이 묻지 않겠다.

산수를 하자. 단순하게 생각하자. 5명이 쪼개 앉아서 5인분을 시키나, 1개의 테이블에서 5명이 3인분을 시키거나 결과는 같다는 사실을 잊어서는 안 된다.

4인 테이블에서 혼자 먹는 손님도 있지 않은가? 그것도 눈치도 없이 바쁜 점심시간에 그런 경우도 있지 않은가? 그렇다면 5명이서, 6명이서 테이블 하나를 쓰면서 몇 인분을 먹는지는 하등 시빗거리가 아니다.

어느 게 유리한 산수인지, 왜 그동안 이런 계산은 한 번도 하지 않고 손님을 적으로 삼아 왔는지, 혹시 후회가 된다면 지금부터 다른 모습으로 손님을 대하면 된다. 그러면 손님도 반응한다. 그 반응은 당연히 재방문이다. 식당에서 재방문은 재구매와 동의어이다. 방문만 하고 주문은 없는 일은 일어날 수 없다.

한 번 온 손님에게 밑천까지 탈탈 긁어내는 장사는 식당에서는 금물이다. 그건 노름에서나 적용되는 말이다. 손님에게 돈을 너무 많이 쓰게 해서는 안 된다. 가볍게 쓰고 만족은 2배로 느끼게 해야 한다. 그래야 다시 온다. 누군가를 데리고 온다.

식당의 관건은 재방문이다. 단골이 얼마나 자주 오는가에 따라서 그 식당의 몸값은 달라진다. 단골의 재방문 충성도가 높으면 식당의 매출 편차는 굴곡이 없다.

손님이 있을 땐 바빠서 죽을 것 같고, 없을 땐 한없이 조용한 식당이라면 큰 문제다. 그런 경우라면 가장 힘든 것이 일손의 규모를 정하는 것이다. 손님이 언제 들이닥칠지 모르기 때문에 사람을 쓰지 않을 수도 없고, 사람을 쓰지 않았다가 손님이 올 때 갑자기 사람을 구할 수도 없기 때문에 인건비의 부담이 말도 못하게 커진다. 물론 음식 재료도 비슷한 상황이지만, 그나마 재료는 보관을 잘하면 다음 날도 쓸 수 있는데, 한 번 부른 파출부는 물릴 수가 없다. 부른 순간 인건비는 주어야 하기 때문이다.

그래서 식당을 하는 사람들은 "월 매출이 올라가지 않아도 좋으니, 일 매출이 한결같기만 했으면 좋겠다."라는 말을 입에 달고 산다.

먼저 덜 팔아라,
손님은 기절한다

많이 팔면 물론 좋다. 객단가가 다른 식당보다 높고, 테이블 단가가 잘 나오면 당연히 즐겁다. 결국 내 수익으로 연결되는 일이니 나쁠 까닭이 없다. 그러나 한 번에 많이 팔고 끝낼 것인가, 아니면 여러 번에 나누어 오래 팔 것인가의 문제라면 다르다. 이게 별것 아닌 것 같지만 매우 큰 차이가 있다.

식당은 음식이라는 특성상 같은 사람에게 여러 번 팔아야 한다. 시계는 한 사람에게 하나를 팔아도 된다. 안경은 한 사람에게 테 하나를 팔고, 그 다음부터는 렌즈만 팔아도 된다. 그래서 테를 싸게 파는 안경점이 많다. 테가 비싸서 렌즈만 구매하게 할 것이냐, 테도 싸게 팔아서 테와 렌즈를 같이 구매하게 할 것이냐의 문제로 볼 수도 있는 일이다. 물론 이건 필자의 사견일 뿐이다.

식당으로 한정지으면 필자의 의지는 분명하다. 매일 먹게 할 수는 없지만, 가끔 꾸준하게 먹게 하는 식당이 이긴다는 논리는 물러설 수 없다. 한번에 많이 먹게 하면 질리겠지만, 감질나게 조금만 먹게 하면 그 질림은 그만큼 뒤로 미뤄질 것이다. 거기에 손님 주머니사정도 챙겨 준다면, 감질나게 먹게 하는 식당의 행동은 고마움으로 바뀔 것이다.

1인분을 애초에 정책적으로 덜 판다고 고지하는 것과, 마지못해 손님의 기에 눌려 1인분 주문을 덜 받는 것은 다르다. 그 다름은 손님이. 계산을 할 때 이미 차이가 난다. 애초에 적게 받으려는 식당에는 어딘가 미안하고 감사하다면, 후자는 손님이 그런 고마움을 모른다. 자기가 이겨낸 보상이라는 생각에서다. 자기가 세서 1인분 덜 주문한 노력의 결과와 대가라고 생각하니 고맙고 감사할 이유가 없는 것이다.

그 때문에라도 미리 선수를 치는 것이 필요하다. 특히 정인분을 확인시켜 줄 수 없는 음식이라면, 손님과의 기싸움이나 실랑이를 피하고, 애초에 적게 주문을 받는 계산이 결국 식당이 이기는 산수라는 사실을 잊어서는 안 된다. 정인분을 주문하지 않아도 되는 음식이 뭐가 있을까?

해물탕, 감자탕, 부대찌개, 동태찌개, 김치찌개와 같은 탕과 찌개의 경우 3인분과 4인분의 양 차이가 얼마나 될까? 내용물이 국물에 잠긴 음식을 꺼내어 따로 보여 줄 수도 없고, 그저 식당의 양심에 맡길 뿐이다. 그런데 그 양심에 대한 기대가 번번이 빗나간다. 때문에 양심을 믿기보다는 애초에 1인분 덜 주문하고 싶어 하는 의지를 전투적으로 갖게 된다.

바로 그거다. 손님의 그 전투적 의지를 미리 꺾는 것이다. 미리 꺾으면 손님은 싸울 목적이 사라진다. 날을 세웠던 발톱을 쓸 일이 없으니 알아서 조용해진다. 알아서 그냥 몸을 맡기게 되는 것이다.

인원수대로 만들어지는 한정식의 요리들은 1인 1식이어야 한다. 그런 음식은 태생적으로 1인 1식을 지켜야 한다. 그러나 한정식 식당들은 하나같이 고개를 젓는다. 주문하고 음식이 나오기 시작할 때 꼭 그 타이밍에 한 사람이 뒤늦게 도착해서 그저 앞접시 하나를 챙기는 손님들 때문에 복장이 터진다고 말을 한다. 인원수대로 줄 수도 없고, 안 주자니 너무 야박하다는 소리를 들어야 하고 참으로 손님의 꼼수는 그 어떤 방법으로도 막기 어렵다는 말들을 흔하게 한다.

그런 것이다. 손님은 어떤 식이든 자기에게 유리한 산수를 하고 싶어 한다. 그렇다면 인정하자. 손님의 산수를 인정하자. 대신 먼저 선수를 치자. 손님이 1인분 덜 주문하는 눈치를 보이기 전에 덤덤하고 무심하게 "셋이면 2인분만 시키시고 공깃밥 추가하세요.", "4명이면 3인분 시키시고, 1인분 값으로 오징어볶음 시키세요. 그게 좋습니다." 이렇게 먼저 멘트를 날리는 것이다.

그렇게 기를 꺾어 두면 손님은 기분 나쁜 것이 아니라 좋아한다. 다음에 또 와야 할 집으로 머릿속에 기억하려고 한다. 왜? 굳이 머리 쓰지 않아도 당당하게 먹을 수 있는 곳은 의외로 흔치 않다는 것을 너무 잘 알기 때문이다.

정말 이런 식당은 흔하지 않다. 필자가 컨설팅한 식당들 빼고는 모두가 1인 1식에 목숨을 걸기 때문이다. 거기에 한 술 더 떠서 메뉴판 첫 장에 "1인분 덜 주문하세요. 부디. 제발"이라는 표현을 쓰는 식당은 눈을 씻어도 찾기 힘든 것이 사실이다.

그래서 바꿔야 한다. 바꾸지 않으면 손님과 싸워야 하고, 서로 기분이 나빠야 하고, 더 나쁜 쪽이 식당이라면 이후 자진 폐업을 할 테고, 더 나쁜 쪽이 손님이라면 재방문을 하지 않으니 결국 그런 이유로도 식당이 강제 폐업을 하게 될 것이다. 지나치고 과한 소리일까? 전혀 그렇지 않다. 잠깐의 야박함에 오래된 단골손님이 등을 돌리는 광경을 목격했고, 식당의 그런 인심에 필자 스스로 단골이기를 거부한 너무 많은 경험 때문이다.

어차피 상대는 어떡하든 덜 내고 싶어 한다. 그러면 덜 내라고 하면 아무 일도 아닌 게 된다. 어차피 4인 테이블이다. 거기서 4인분을 주문받아야 한다고 누가 정해 준 것도 아니니, 테이블 하나에서 2인 값, 3인 값의 매출이 발생하면 충분하다. 다시 말하지만, 중요한 것은 활용이다. 아무리 객단가가 좋다고 한들 테이블 하나가 하루 종일 한 팀의 손님만 받는 식당은 힘이 없다. 지루하다. 남들이 볼 때는 점심 1시간만 반짝이다.

하지만 손님의 심리를 역이용하여, 한 번에 몽땅 뺏는 계산이 아니라, 조금씩 나누어 뺏는 계산을 지향한다면 그 식당은 오전 11시부터 오후 3시까지 4시간짜리 점심을 경험하게 될 것이다.

다 연결된 소리다. 1인 1식, '한 테이블에서 몇 명이 먹든'과 한통속의 이야기다. 그만큼 식당 산수가 어렵지 않고 쉽다는 것이기도 하다.

기억해라. 팔리지 않으면 그 이유가 무엇이건 간에 매출은 없고, 수익도 없다. 더 무서운 것은 점점 더 재방문하는 손님의 수가 줄고, 결국 식당은 망하게 된다. 팔리지 않으면 망한다. 팔리지 않으면 적게 남고, 손해가 아니라 그냥 망한다는 것을 잊지 말아야 한다.

포장은
고급 산수다

한 한우 정육식당에서 컨설팅 요청이 들어왔다. 지방의 중형급 식당(60평 규모)이었는데 연매출은 9억 원 정도라고 했다. 지방에서 9억 원이라면 월 매출이 8,000만 원에 육박하는 결코 적은 매출의 식당이 아닌데 왜 컨설팅을 요청하느냐고 질문을 했다.

중간 과정은 생략하겠다. 이후에 매출이 얼마나 올랐는가도 설명하지 않겠다. 중요한 것은 그때 필자가 지적한 부분이 바로 포장이었다. 당시 의뢰 식당은 포장 매출이 저조했다. 와서 구워는 먹지만, 사 갈 정도까지는 아니라는 인식을 해결하는 일이 필요했다.

한우에는 브랜드가 있는데, 그 식당은 주인 아버지가 직접 소를 키우기 때문에 그런 브랜드를 팔 이유가 없었고, 지역 농협의 소를 쓰는 것이 옳다는 판단에 타 지방의 브랜드 한우는 팔지 않았다. 따라서 손님들은 횡성한우 같은 브랜드 한우가 아닌 정육을 굳이 포장해 가야 하는 필요성을 느끼지 못한 것이었다.

그래서 필자는 의뢰 식당의 상호는 작게 만들고, 슬로건을 크게 만들어 브랜드를 뛰어넘는 신뢰 주기에 포인트를 주었다. 바로 "아버지가 키운 소, 아들이 파는 집"이었다. 요즘 지방을 다니다 보면 이 슬로건을 사용한 간판과 현수막을 자주 본다.

한우로 유명한 지방명이 박힌 브랜드 한우는 아니지만, 아버지가 키운 소라는 점에서 소비자는 신뢰하기 시작했고, 포장 매출이 전에 비해 늘어, 결국 연매출 10억 원을 무난하게 달성했다.

다른 컨설턴트는 그 식당에 와서 상차림을 점검하고, 고기 맛을 내기 위한 팁을 알려 주거나, 새로운 메뉴 개발로 매출을 올리는 방법을 제안했다고 했다. 그런데 필자는 그런 눈에 보이는 노력 대신에, 그 식당이 가진 가치를 손보는 것 외에는 아무것도 하지 않고서도 매출을 올리는 결과를 냈는데, 포장이라는 산수 덕분이다.

식당들이 자구책으로 배달을 병행하는 결단을 하는데, 그 성실성은 매우 존중하지만 속으로는 안타까움이 크다. 배달을 통해서 일시적 매출 상승은 기대할 수 있을지 몰라도, 장기적으로 볼 때 배달은 손님을 잃는 지름길이 된다. 그 이야기는 뒤에서 보다 자세하게 다루겠다.

식당에서는 포장이라는 상품이 또 있다. 그것을 팔면 매출이 뛴다. 월세는 같지만 매출이 뛰니 수익성이 좋아진다. 인건비는 같지만 매출이 뛰는 방법은 포장뿐이다. 홀에서 매출이 뛰려면 그만큼의 인력도 수반되어야 한다. 하지만 포장은 인력과 무관하게 오르는 순수한 매출이다. 제해야 할 고정비가 적기에 포장수익은 홀에서 서빙해서 얻는 수익보다 더 나은 수치를 안겨 준다.

한우 정육식당에서 포장만으로 매출이 올랐다. 여기엔 여러 가지 의미가 있다.

- 포장을 위해 만든 스토리가 홀 판매에도 도움을 주었다.
- 스토리가 있기에 1인분 더 주문이 늘었다.
- 스토리가 사실인지 소문을 듣고 오는 손님이 늘었다.
- 스토리가 사실이어서 상호보다 그게 더 손님들에게 머리에 박혔다.
- 브랜드 한우는 취급점 모두가 사용하지만, 진짜 아버지가 소를 키우지 않는 한 이 스토리는 나만의 것이다.

만일 매출을 올리기 위한 컨설팅이 포장이 아니라 다른 쪽이었다면 이런 스토리는 탄생조차 하지 않았을 것이다. 포장은 이렇게 매출 상승을 넘어 그 이상의 것들을 남겨 주는 고급 산수가 되기도 한다.

고수는 포장으로 팔고, 하수는 배달로 버틴다

이름난 유명 식당에 가면 갈비탕을 포장해 가려는 손님들이 이른 아침부터 줄 서 있는 풍경을 보게 된다. 배달을 하지 않으니 먹고 싶으면 포장 외에는 별수가 없다. 그런 반면에 하수는 친절하게 집 앞까지 배달을 해 준다. 언제든지 가게 문을 여는 시간이라면 배달 전화를 거절하는 법이 없다. 그것이 마치 식당의 숙명인 것처럼 성실하게 배달을 해 준다.

어느 것을 선택하는가는 당신의 몫이다. 기꺼이 배달을 병행하겠다면 그러면 된다. 아무도 말리지 않는다. 그냥 우리는 포장을 통해 덤인 매출과 수익을 얻어 내면 그뿐이니 말이다.

포장과 배달의 가장 큰 차이점은 배달비의 유무다. 포장은 비용이 들지 않는다. 본인이 와서 가져가니, 배달원에게 지불해야 할 인건비가 들지 않는다. 그러니 배달 음식에 비해 포장 음식의 양이 더 푸짐할 수 있다. 배달은 그래서 포장 음식과 상대가 되지 않는다. 양에서 이길 수가 없다.

그렇다면 모든 식당에 포장이 많아야 하는데 실제로는 그렇지 않다. 대부분의 식당에서 포장이 차지하는 비중은 크지 않다. 그 이유는 너무 명료하다. 포장에서의 산수가 없기 때문이다. 홀에서 먹으나, 포장해서 먹으나 차이가 없다면 굳이 포장이라는 수고를 사서 할 이유가 없다. 집에 환자가 있지 않고서야 일부러 따뜻한 음식을 차갑게 식혀 가면서, 정상적인 그릇도 아닌 용기에 먹을 이유가 없는 것이다.

홀에서 음식을 제공하는 것에는 자리 값과 냉난방비가 포함돼 있다. 당연히 인적 서비스 비용도 포함돼 있다. 빠진 거라곤 포장 용기 값이다. 이 포장 용기 값과 나머지가 같을까? 필자는 다르다고 생각한다. 일회용기 제품을 엄청나게 고급한 것을 사용하지 않는 한, 포장에 들어가는 가격은 자리 값과 인건비에 분명 미치지 못한다.

그래서 필자가 만든 식당에서 포장은 다르게 내준다. 업그레이드다. 2인분을 시키면 3인도 먹을 수 있는 양을 내주라고 한다. 소 사이즈 포장을 원하면 중 사이즈에 준하는 수준으로 싸 주라고 한다. 그래도 남는다. 그 산수가 옳다. 하루에 포장이 1~2개인 식당과 20~30개인 식당 중에서 어디가 더 수익이 많을지는 굳이 확인할 필요가 없는 일이다.

피자를 파는 식당에서 배달에 비해 포장 가격이 아주 싼 것은 잘 알려져 있다. 치킨도 직접 가게에 와서 포장해 가면 20%쯤은 할인해 준다. 20%는 매우 큰 숫자다. 얼마든지 식당에 이로운 쪽으로 이용할 수 있는 수치다. 물론 그것은 배달을 전문으로 하는 매장의 경우다.

배달하는 집에서 주는 포장 값은 당연히 배달비조로 20% 빠지고, 일반 식당에서 주는 포장 값은 먹는 양과 같아도 된다고 믿는다면, 지금까지 하던 대로 유지하면 그만이다. 뭘 하든, 안 하든 그건 자유다. 내일이 나아지기를 희망한다면 살을 내주는 더하기를 쓰는 카드가 유리하다는 필자의 말을 무시해도 괜찮다. 그저 어제와 반복되는 오늘로 연명하는 것이 낫다면 얼마든지 아무것도 하지 않아도 좋다.

테이블 하나에서 1시간쯤 먹고 나서 계산하는 값을 생각해 보자. 포장은 그 시간이 소요되지 않는다. 계속 챙겨 주지 않아도 좋고, 더 달라는 반찬이 있을 리도 없다. 그저 싸 주는 포장만으로 그 손님에게는 할 일을 다 했다. 그러니 그 손님을 잡기 위해서 어떤 노력을 해야 하는지를 이제는 생각해야 한다. 그래서 더 많이 포장을 하게끔 만들어야 한다. 다시 말하지만, 월세와 인건비가 변하지 않는 상태에서 매출이 오르는 최고의 방법은 포장이다. 포장 매출이 오르면 어떤 식으로든 수익도 오른다. 그러니까 포장은 욕심을 낼 만한 식당 무기인 셈이다.

포장은 덤이다. 그래서 그 덤을 얻기 위해 일정 부분은 식당이 먼저 양보하는 것이 옳다. 같은 가격에 같은 양으로 포장이라고 덥석 내주고는 더이상 포장을 주문받지 못하는 어리석음은 한시바삐 버려야 한다. 포장에는 그만한 값을 줘야 한다. 그래야 손님도 포장에 관심을 기울이고, 실제로 지갑을 연다.

일산 어느 식당에서 손님과 한우를 먹은 적이 있다. 산속에 있는 허름한 식당이었는데, 손님들이 고기를 먹고 나서 봉투를 하나씩 들고 나갔다. 들여다봤더니 잡뼈를 한 움큼씩 사서 가는 것이었다. "집에 가서 고아 먹으려고요." 제값에 팔리지 않는 잡뼈와 더불어 특수부위(아무리 특수해도 소비자가 찾지 않으면 가격은 떨어진다.)를 아주 저렴한 값에 팔다 보니, 어느덧 그것을 구매하러 고기 먹으러 오는 손님까지 생겼다고 했다.

고깃집만 이런 것이 가능할까? 아니다. 일반 식당도 가능하다. 칼국수집에서 겉절이도 팔 수 있고, 설렁탕집에서 깍두기도 팔 수 있다. 보쌈집에서 보쌈김치도 포장으로 팔 수 있다. 콩자반도 팔 수 있고, 어묵볶음도 팔수 있다. 그 집에서만 먹을 수 있는 특별한 맛이라면 어떤 것이든 포장으로 팔 수 있다. 다만, 그럴 만한 맛을 낼 수 없기에 아무도 요구하지 않았을 뿐이다. 따라서 "포장해 주세요."라는 소리가 없는 음식이라면 식당은 반성해야 한다.

하수는 홀에 손님이 없으니, 배달로 버틴다. 그래서 홀을 쓰려고 비싼 월세를 내면서도 홀은 비워 두고, 정작 광고비는 배달로 쓰고, 주인은 바깥으로 배달에 전념한다. 쓰지도 않는 홀을 위해 투자한 인테리어며, 오지도 않는 손님을 위해 홀을 청소하느라 땀을 흘려야 한다. 어떡하든 손님을 홀에 앉혀야 하는데, 별다른 노력을 하지 않으니 마땅찮고, 가장 손쉬운 방법인 배달을 카드로 꺼내는 것이다.

배달을 하려고 시작한 식당이 아니다. 배달이 목표였다면 지금 그 자리에 가게를 얻을 이유가 없다. 그만한 투자를 할 까닭이 없다. '얼마나 힘들면 배달을 할까?'라고 스스로에게 위로를 한들, 아닌 건 아닌 것이다. 배달이 점점 늘어날수록 식당은 더 힘들어진다. 배달이 빚어낸 심각한 오류 탓이다.

배달을 하면 당장의 매출은 늘지만
더 많은 것을 잃는다

배달을 하면 매출은 늘지 모르나, 더 많은 것을 잃는다. 아주 많은 것을 잃는데도, 그 계산을 모르고 배달로 어떡하든지 돌파하려고 한다. 하나 물어보자. "배달로 음식을 시켜 먹던 식당이 어디에 있는지 아는가?" 찾아가서 먹던 식당에서 배달을 한 경우가 아니고서는, 배달로 그 식당을 처음 접해 봤다면 당연히 그 식당은 이후로도 어디에 있는지 모를 것이다. 아주 당연한 소리다. 이 당연한 소리를 굳이 왜 할까?

만일 배달 책자나 앱에 광고비 낼 돈이 없어서 당신의 배달 광고가 빠진다고 치자. 그러면 어떻게 될까? 그동안 배달시킨 집이니까 전단지가 있을 테고, 쿠폰이 있을 테고, 명함이 있을 테니까 그것을 보고 시킬 거라고 생각할 수 있을까? 만약 그렇게 믿는다면, 그게 그렇게 될 거라면 뭐 하러 매달 수십만 원씩 돈을 써 가면서 배달 책자에 광고를 하고, 뭐 하러 비싼 수수료를 물어 가면서 배달 앱에 등록을 하겠는가?

당신이 어떤 사정이건 간에 광고를 끊는 순간 매출은 절벽만큼 떨어진다. 그래서 놀라서 다시금 어떡하든 광고비를 마련해서 버티려고 하는 자신을 발견하게 될 것이다.

실제로 배달을 시작하면 홀이 점점 비게 된다. 가서 먹지 않아도 내 가게(부동산, 핸드폰 가게, 미용실 등)까지 가져다주는데 뭐 하러 가서 먹는가?

식당에 가지 않고 배달을 시키는 이유를 충분히 유추할 수 있다. 다음과 같은 이유일 것이다.

- 양을 줄여서 두 번에 나누어 먹을 수 있다.
- 햇반을 사다가 여럿이 나누어 먹을 수 있다.
- 결과적으로 식사 값이 줄어든다. 그만큼 비용을 줄일 수 있다.

이런 이유가 있는데 뭐 하러 일부러 찾아가서 인원수대로 먹으면서 돈을 써야 하는가? 부르면 달려오고, 값도 덜 주고 먹을 수 있는데 말이다. 바로 이런 점 때문에 배달을 하는 순간 손님은 오직 배달로 주문하게 되고 그 반복은 끊이지 않는다. 배달 매출은 더 이상 나아지지 않고, 몇몇 그런 손님을 위한 반찬 대주기 위한 장사로 전락한다.

거기에 또 하나 서비스로 따라붙는 실수가 있는데, 내 식당 앞을 지나는 사람들이 비어 있는 홀을 늘 보면서 '이 집은 언제나 한가하구나. 너무 장사가 안 되니까 가기 좀 곤란할 것 같다.'는 생각으로 들어가기를 머뭇거리는 결과를 초래하게 된다. 실제로 영등포역 근처에서 영업을 하던 10평짜리 식당에서 필자의 권고를 마다하고 기어이 배달을 시작한 후, 3개월 만에 더 쇠락한 홀 때문에 폐업을 한 사례가 있다. 배달로 얻는 플러스는 일시적이다. 그 플러스 때문에 마이너스의 골은 점점 깊어진다.

　배달로 다행히 성공하면 좋으련만, 배달을 전문으로 하는 식당과 싸우자니 그것도 버겁다. 배달로 잔뼈가 굵은 식당의 노하우는 필자도 모른다. 알려 주지 않으니 알 수가 없고, 옆에서 겪어 보지 않았으니 알 리가 없다. 그런데도 초보 식당들이 매출이 부진할 때 배달 앱을 친구로 삼고, 배달 책자를 뒤적이는 모습을 쉽게 선택할 때 그 다음에 얻게 되는 암담함은 어쩔는지 애가 탄다.
　길게 설명하지 않겠다. 그냥 옆 가게인 부동산 사무실에 가서 '식당이 지척인데 왜 사무실에서 배달해서 드시냐.'고 물어봐라. 그 이유가 식당에게 유리한 것인지, 손님에게 유리해서인지 생각해 보자.

곱빼기로
손님을 이겨야 한다

곱빼기는 당연히 재료 값이 더 들어간다. 더 들어가니까 더 받는 것이 옳다. 틀린 말이 아니고, 100에 99개의 식당은 다 그렇게 한다. 어쩌다 하나둘 정도가 다르게 할 뿐이다. 필자는 지금 이 책을 읽는 당신이 그 하나둘에 속하기를 바란다. 얻는 게 더 많기 때문이다. 곱빼기로 손님을 이기는 일은 대단한 노하우를 요하는 일이 아니라, 그저 마음만 먹으면 실천 가능한 아주 쉬운 산수다.

손님을 만족시키면 손님은 지갑을 연다. 식당은 음식을 파는 장사이기에 손님의 지갑을 열게만 하면 된다. 그런데 손님은 경험치가 너무 많고, 내 주변에도 식당이 즐비하기 때문에 그 만족이라는 것이 그다지 만만한 일이 아니다. 잘 줘도 모자란 얼굴이고, 친절하게 해 줘도 뿌루퉁한 얼굴을 볼 때는 '도대체 어쩌란 말이냐?'는 생각이 절로 든다. 반찬을 많이 깔아 줘도 그때뿐이고, 갓 지은 밥을 매번 해 줄 수도 없는 일이다. 계란 프라이 하나라도 주문과 동시에 부치면 맛있는 것 누가 모를까? 하지만 그럴 시간이 없다. 미리 해 둬야 '빨리 빨리'의 요구에서 해방된다. 아무리 정성껏 해 줘도 '빨리 빨리'를 듣게 되면 혼이 빠지기 일쑤다. 그러니 미리 해 두는 수가 최선인 것이다.

그처럼 식당은 힘들다. 만족은커녕 때로는 욕이나 듣지 않는 것이 감사하다. 그렇게 어려운 식당 장사에서 곱빼기는 매우 요긴한 카드다. 내가 내 것으로 정하기만 하면, 경쟁자의 맛 따위를 쉽게 제압할 수 있는 카드다.

냉면의 곱빼기는 최소 2,000원 정도다. 중국집의 짬뽕, 자장면의 곱빼기는 그나마 양반인 1,000원 정도다. 칼국수가 곱빼기가 있는 경우는 흔하지 않지만, 만일 있다면 1,000원 정도는 이해할 것 같다. 자, 냉면을 제외하고는 대체로 면 음식의 곱빼기는 1,000원을 더 받는다. 이제 산수를 해 보자. 식당이 이기는 단순한 산수를 해 보자.

자장면 5,000원. 곱빼기 자장면 6,000원이라고 치자. 손님이 곱빼기를 시킬 확률은 얼마나 될까? 아마도 빅데이터로 추정하면 7대3이나 8대2가 될 것이다. 하루에 100그릇의 자장면이 팔린다고 하자. 그리고 넉넉하게 곱빼기가 30% 정도 차지한다고 하자. 그러면 일 매출액은 (70그릇×5,000원) + (30그릇×6,000원) = 53만 원이다.

곱빼기를 팔아서 3만 원이 더 오른 것이다. 1,000원 더 받는 곱빼기가

30그릇 팔렸으니까, 당연히 3만 원의 매출이 더 생긴 것이다. 여기서 곱빼기에 들어가는 원가를 300원이라고 치면 실제 수입은 2만 1,000원이다. 열흘이면 21만 원, 한 달이면 63만 원의 이익이 발생할 것이다. 매우 큰 수치다. 이 정도의 액수는 어지간한 식당의 직원들 부식비 정도는 되니까 결코 작은 수치가 아니다.

하지만 필자가 관리하는 식당에서는 곱빼기도 보통 가격에 판다. 그렇게 팔라고 한다. 곱빼기에 목숨 걸지 말라고 강권한다. 그렇게 해서 위의 식당과 똑같이 팔렸다고 치자. 곱빼기도 보통 가격과 같으니까 곱빼기를 30그릇 만들어 줬지만 매출은 50만 원이다. 하루에 3만 원을 손해 본 것일까? 아니다. 엄밀하게 말하면 곱빼기만큼의 재료비 300원의 30그릇이니까 9,000원을 손해 본 것이다. 그래서 한 달이면 이 계산을 하지 않고 팔았을 때보다 27만 원을 손해 본 것이다. 곱빼기로 팔았을 때 이익 63만 원을 포함하면 총 90만 원을 손해 본 것이다. 물론 이건 곱빼기가 매일 30그릇씩 팔렸다고 가정했을 때의 손실이다.

하지만, 정말 그럴까?
대한민국 식당 어디가 보통과 곱빼기를 같은 가격에 내줄까? 드물다. 거의 없다고 봐도 무방하다. 그래서 이 계산은 볼륨을 키운다. 하루에 100그릇의 자장면이 아니라, 150그릇의 자장면 판매로 늘어나게 될 것이다. 5,000원×100그릇이 아니라, ×150그릇 혹은 ×200그릇이 될지 모른다. 그렇게 전보다 매출이 늘어났는데도 곱빼기를 그냥 준 손해가 더 크다고 말할 수 있을까?

모든 손님이 다 먹지도 못할 곱빼기를 시킨다고 치자. 그래도 손해는 아니다. 보통을 팔아서 70그릇을 파는 식당보다 곱빼기를 보통 값에 주고 100그릇 파는 게 낫기 때문이다. 무조건 장사란, 거래란 더 많이 팔면 당연히 더 남는다. 적게 파는데 많이 남는 기이한 일은 일어나지 않는다. 아무리 식당에 진상이 흔하다고 해도, 자신이 먹지 못할 양을 일부러 시켜서 죄 남기는 일은 일어나지 않는다. 모든 사람이 남길 것이 분명한 곱빼기로 식당을 불편하게 하지는 않는다. 그보다는 손님들이 우리 동네에서 유일하게 자장면, 짬뽕 곱빼기를 보통 값에 주는 집이라고 기억하고, 주변에 전파할 것이다.

바로 이 점이다. 하루에 9,000원(곱빼기에 쓰인 재료비 원가)을 가지고 홍보를 하면 얼마나 대단한 홍보를 할 수 있을까? 홍보비로는 아무것도 아닌 9,000원 정도의 돈을 양보하면, 그 돈은 내가 감히 집행할 수 없는 홍보의 효과를 가져다줄 수 있다.

"우리 동네에 곱빼기 값을 받지 않는 식당이 있는데……."

"저쪽 골목 냉면집은 곱빼기도 보통 값이라는데……."

"한 정거장만 더 가면 우동 세곱빼기도 다 먹기만 하면 보통 값이라는데……."

필자는 지금 자장면을 맛있게 만드는 묘안에 대해서는 일언반구도 하지 않았다. 오직 곱빼기라는 원래 있는 메뉴만을 가지고 식당에 무기를 만들어 주었다. 이게 써 볼 가치도 없는 술수라고 폄하할 일이라면 더 이상 이 책은 읽을 가치가 없다. 그 사람에게는 어떠한 이야기도 돼지 목에 진주일 테니까 말이다.

물냉면과 비빔냉면의 가격이 같으면 식당이 손해일까

어딜 가나 비빔냉면이 더 비싸다. 적게는 500원에서 많게는 1,000원이 더 비싸다. 치킨도 프라이드보다 양념이 더 비싸다. 맞다. 양념 값이 그만큼 더 들어가니까 비싼 것이 당연하다. 커피도 아이스커피가 더 비싸다. 얼음이 더 들어가서다.

자, 이걸 비꼬기 좋아하는 투덜이 스머프의 눈으로 보면 어떨까?

"물냉면에 넣어 주는 그 많은 육수를 주지 않는데 그 값이 비빔의 양념장보다 못한가?"

"아이스커피에 얼음만큼 커피가 적게 들어가는데 왜 아이스가 더 비싼가?"

치킨은 예외다. 치킨은 확연히 양념치킨이 더 비싸야 한다고 필자도 존중한다. 투덜이 스머프 눈으로 봐도 시비가 없으니 말이다.

어쩌면 누군가는 비빔냉면이 더 비싸서, 물냉면을 시키는 일이 있지는 않을까? 그래서 진짜 누군가는 물냉면을 시키고는, 양념장을 달래서 물냉면 육수를 덜어 내고서 셀프 비빔냉면을 만들어 먹지는 않을까? 물냉면과 비빔냉면의 가격이 같으면 식당이 손해인 산수일까? 그래서 모두가 비빔냉면을 시키면 마이너스인 장사가 될까? 앞에서 설명한 내용과 같은 개념이니까 간단하게 말하겠다.

- 물냉면과 비빔냉면이 같다는 것을 알고는 입(소문)이 가만있지 않을 것이다. 왜냐하면 그런 집은 흔하지 않기 때문이다.
- 가격이 같으니까 적어도 가격 때문에 무엇을 선택해야 하는 볼썽사나운 고민을 하지 않게 하는 식당이어서 손님이 고마워할 수 있다.
- 혹시 비빔냉면이 비싸서 망설였다면, 그래서 비빔냉면을 먹지 못할 바에야 물냉면도 안 먹겠다고 마음을 먹은 사람이라면 마음이 홀가분해져 냉면을 먹을 수도 있다.

냉면이 팔리는 것이 중요한 일이지, 비빔냉면을 더 팔아서 500원을 더 남기는 일이 중요한 일은 아닐 것이다. 냉면을 팔기 위해서 맛있게 만드는 일도 있지만, 곱빼기도 보통 가격에 주는 일도 대단한 가치겠지만, 물냉면과 비빔냉면을 같은 가격에 책정해서 노출하는 것도 가게의 특징을 만드는 하나의 방법이 될 것이다.

　가격 차등을 둬서 얻는 이득은 없다. 하지만 가격 차등을 두지 않음으로써 얻는 이득은 분명히 더 있다. 가장 중요한 이득은 "이 집은 물냉면과 비빔냉면이 같은 값이야. 여기뿐이야. 그래서 좋아. 뭘 먹을까를 가격 때문에 고민하는 일을 하지 않을 수 있어서 좋아."라고 생각하기 때문이다.

주중과 주말
가격 차이를 두지 마라

평일엔 9,900원인데 주말이면 최소 12,900원쯤 한다. 광풍적이었던 한식 뷔페 역시 이 범주에서 벗어나지 않는다. "배달쿠폰 10장을 모으면 치킨 한 마리를 서비스해 드리는데, 주말과 공휴일은 해당되지 않습니다."와 마찬가지 상황이다. 평일에는 손님이 없으니까 서비스해 줄 수 있는데 빨간 날은 바쁘니까 건들지 마라는 소리다. 그건 공짜로 먹는 손님이 양보하라는 소리다. 공짜니까.

근데 이건 심각한 착각이다. 10번이나 팔아 준 손님이다. 공짜 손님이 아니라 10번이나 배달을 주문해 준 아주 귀한 손님이다. 그러니 이 착각은 도를 넘어도 한참 넘은 소리다. 그걸 모르고 당연한 듯이 남들과 똑같은 쿠폰을 만들어 뿌리니 효과가 기대와 다른 것이다. 그냥 이것도 바꾸면 된다. 어차피 줘야 할 서비스라면 고마움을 담아서 "주말과 공휴일 가족이 모이셨을 때 특히 이 서비스는 우대됩니다."라고 한 줄만 바꾸면 지금과는 다른 쿠폰의 모습으로 빛날 것이다.

그것처럼 평일과 주말의 가격이 다른 것은 "평일엔 손님이 적으니까 이 가격에 드리고요, 주말에는 손님이 많으니까 원래 받아야 하는 가격으로 받는 거예요. 그러니까 평일이 일주일에 5일이니까 손님이 더 유리한 거예요."라고 말할 수 있다. 늘 그렇듯 이 말은 절대로 틀린 말이 아니다. 맞다. 옳다.

하지만 필자에게는 틀린 산수다. 주말에 받는 가격이 원래 받아야 하는 가격이라고 치자. 그러면 그 가격은 주말만 통하는 가격인 것이다. 주말에는 지갑 사정이 좋아서 팔리는 가격이 아니라, 주말에는 다른 곳도 바쁘니까 그 가격이라도 어쩔 수 없이 먹겠다는 손님이 내는 값이라고 생각해야 한다. 주말에 그 가격에도 기꺼이 먹을 수 있다면 평일이라고 못 먹을 이유가 없다.

물론 주말에 가족과 함께하는 외식과 평일에 혼자나 지인과 둘이 먹는 외식은 다르다. 하지만 지금 필자의 목적은 장사에서 이기는 산수, 식당에서 쉬운 산수를 보여 주려고 하는 것이다. 평일에 9,900원을 받으니까 좋아한다. 그래서 손님이 많다. 그러면 주말에는 더 좋아하지 않을까? 주말에 손님이 더 늘어나지 않을까? 그러면 되는 것 아닌가?

이런 이야기에 혀를 끌끌 차는 사람도 있을 것이다. 평일에 손해(?) 본 것을 주말에 복구해야 하는 기본 원칙도 모른다느니, 평일은 점심 특선 가격으로 서비스하는 건데, 그걸 주말에도 적용하라는 것은 식당이 얼마나 힘든지 모르는 훈장 나부랭이, 공무원 탁상공론보다도 못한 쓰레기 컨설팅이라고 화를 낼 것이다.

그렇다. 필자가 늘 하는 말이지만, 그게 맞다면 그렇게 하면 된다. 필자의 말을 따르지 않고 자기 방식의 산수대로 장사를 해 나가면 된다. 필자는 이 책을 읽는 수천 명의 독자 중에서 수백도 아니고, 수십 개의 식당 정도만이라도 생각이 바뀌어 실천하고, 그 실천의 열매를 한껏 따먹기를 바라는 마음에서 하는 이야기다.

대한민국 모든 식당의 생각을 고쳐 놔야 한다는 사명감은 있지도 않거니와 그렇게 될 리도 없다. 하지만 누군가는 미처 몰랐던 이 단순한 계산법에서 유레카를 느낄 수도 있을 테고, 이 책대로의 산수로 메뉴판을 다시 재정비해서 매출이 서너 배 뛰는 희열을 맛볼 수도 있을 것이다.

평일 5일 동안 팔았던 가격을 주말 이틀에 올려서 손님의 기분을 상하게 하는 게 옳은 일인지 손님의 입장에서 생각해 보자. 평일의 재료비와 평일의 인건비가 더 싸다면 필자를 욕해도 좋다. 하지만 그게 아니라면 손님의 눈높이에서 바라보자. 당신의 식당이 뷔페여서 그런 거라는 변명은 통하지 않는다. 대한민국 모든 식당의 가격은 주중과 주말이 똑같다. 뷔페나 한정식집들이 그 범주를 당연하다는 듯이 벗어날 뿐이다. 모두 잘못된

관행이다. 그래서 얻는 게 있는지 실제 데이터를 놓고 따져 보자. 주중 뷔페 가격을 주말에 적용해서 더 많은 손님을 오게 하는 게 더 이득이라는 사실을 알게 될 것이다.

집 근처의 한식 뷔페가 평일에는 대기를 해야 한다. 그런데 주말에는 절대 대기할 이유가 없다. 비싸니 가지 않는 것이다. 평일에는 하루 300명을 받는 뷔페가, 주말에는 200명쯤 받는다면 이 계산도 뻔하다. 300명×1만 원은 300만 원이다. 200명×1만 3,000원은 260만 원이다. 더 벌자고 작정한 계산인데 오히려 매출이 떨어지는 것을 경험한다. 그래서 뒤늦게 주말 판촉 이벤트를 실시하며 요란을 떤다. 그 꼴을 보자니 필자는 웃음이 그치지 않는다. '일주일 내내 같은 가격입니다.'라고 한 장 써 붙이면 될 일을 왜 저리 복잡하게 장사를 하는지 알다가도 모를 일이다.

2장

1,000원으로
줄 서는 식당 만들기

약속 시간이 빠듯할 때는 딱 5분만 더 주어지면 세상 모든 것이 감사할 것 같다. 장사에서도 그 5분과 같은 요긴한 타이밍이 필요하고, 그것을 잘 쓰면 별 것 아닌데도 손님을 감동시키고 기쁘게 해 줄 수 있다. 요즘은 아이들 용돈으로 1,000원도 큰 가치가 없다. 그걸 용돈이라고 주기는 멋쩍다. 그런데 손님에게 그 1,000원으로 줄 서는 식당의 토대를 만들 수 있다면 과연 어떨까? 궁금하지 않은가? 도대체 무슨 1,000원이기에 손님이 줄까지 서게 한다는 말인지 말이다.

필자는 식당의 메뉴판을 보면 꼭 1,000원을 더해 본다. 그리고 그 1,000원으로 지금 눈앞에 있는 상차림이 얼마나 많이 바뀔 수 있는지를 속으로 셈해 본다. 그리고 그것이 명쾌하게 떨어질 때 묘한 전율을 느낀다. 또 하나의 무기를 얻었기 때문이다.

손님에게 1,000원을 할인해 주거나, 1,000원어치를 더 준다고 감동하지는 않지만, 손님에게 1,000원으로 식당만이 할 수 있는 서비스를 해 준다면 그게 곧 마술이 된다. 너무 많이 경험한 노하우다. 그래서 사실은 이 책을 쓰기 전에 준비했던 책 제목이 '1,000원의 얼굴'이었다. 그래서 모든 식당에 1,000원을 대입해서 손님도 반기고, 식당도 기쁜 그런 노하우를 모조리 공개할 계획도

가지고 있었다. 그러나 그 계획은 너무 많은 노하우를 풀어서 필자의 100여 개 가족식당에게 피해를 줄 수 있겠다 싶어 이 책에서 한 부분으로만 정리했다.

눈치가 빠르면 절간에서도 새우젓을 얻어먹는다고 했다. 여기에 소개된 예시를 통해 누군가는 절묘한 나머지 것들을 더 그럴듯하게 완성할 수 있을 것이다. 반면에 수동적인 식당 주인들은 본인 식당의 메뉴가 아니면 입에 넣어 준 것이 아니라서 그냥 넘기고 별것도 없다고 할지 모른다.

열매는 스스로 따야 하는 것이다. 이게 답이라고 알려 줘도 이해하지 못하는 사람에게 두 번, 세 번 정답을 체크해 주지는 않는다. 그 차이로 10년이 지나도 어제와 별반 다르지 않는 매출의 식당이 있고, 1년도 못 되어 두 번째 식당을 준비하는 고수가 생긴다.

떡볶이를
1,000원에 팔아라

떡볶이를 얼마에 먹는가? 이제는 2,000원짜리는 없다. 싸야 2,500원이다. 그런데 떡볶이를 2,500원 어치나 먹고 싶을 정도로 배가 고플까? 그 돈을 써도 후회하지 않을 정도로 맛이 있을까? 두 번만 참으면 그 돈으로 편의점의 근사한 도시락을 사 먹을 수 있다. 만만치 않은 가격이다.

만일 떡볶이 값이 1,000원이라면 어떨까? 그것도 고민할까? 맛이 없으면 어쩌지, 양이 많으면 어쩌지 고민할까? 1,000원짜리 1장에 그런 고민을 오래 할까?

테이블에 자리 잡고 먹는 식당이 아니다. 서서 후딱 먹는 노점, 가판대다. 아니, 테이블을 둔 식당이면 어떤가? 1,000원어치를 앉아서 먹으면 어떤가? 앉아서 먹는다고 얼마나 오래 있을까? 그게 그리 걱정되면 4인 테이블은 왜 필요할까? 거기에 대부분 둘이 앉는데도 식당에서 2인용이 아닌 4인용을 쓰는 이유는 뭘까?

노점의 가격을 모두 1,000원으로 통일해 보라. 그러면 떡볶이를 사 먹는 손님이 확연히 늘어난다. 1,000원에 파는 컵볶이에는 떡이 몇 개 없다. 컵에 들어서 잘 모르지, 쏟아 놓으면 원래 1인분의 절반도 절대 안 될 양이다. 하지만 불평도 안 생기고, 불편하지도 않다. 그걸 많이 먹어야 할 만큼 배가 고픈 것도 아니고, 많이 먹자고 2,000원이나 3,000원을 지불하기보다는 1,000원이니까 아쉽지 않다.

모두 1,000원에 팔면 떡볶이만 먹을까? 순대도 사 먹는다. 어묵도 당연히 먹는다. 타코야키도 먹을 것이다. 2,000원, 3,000원 받으면 그것만 팔리는데(그것도 혼자보다는 두 사람에게) 모두 1,000원을 매기면 한 사람이 2~3가지를 먹는다. 재미로도 먹는다.

노점은 어차피 무기가 없다. 지붕도 없고, 넓은 좌석도 없다. 그러니까 가격으로 유인해야 한다. 1,000원짜리 1장은 쉽게 꺼내지지만 2,500원이나 3,000원은 한 번에 꺼내지지 않는다. 이미 떡은 그렇게 팔고 있다. 떡도 처음에는 1,500원이나 2,000원에 팔았다. 그런데 어느 날부터 양을 좀 줄여서 모두 1,000원에 판다. 해 보니 그게 더 잘 먹힌다는 것을 알았기 때문이다.

1,000원에 먹을 수 있는 순대볶음, 초밥, 대마키, 순두부 등 만들 수만 있다면 노점 메뉴는 무척 다양할 수 있다. 이때 중요한 것은 가격이다. 가격에서 무장해제를 시켜야 뒷말이 없다. 그리고 많이 팔린다. 그래서 식당이 성공하는 결과를 얻는다.

노점 트럭, 지하철역 가판대, 사람 왕래가 많은 곳의 작은 분식집 등도 모두 함께 생각해 볼 만하다. 특히 누군가를 기다리는 거나, 많은 사람이 지나다니는 길목에 위치했다면 반드시 도전해 볼 가치가 있다.

1,000원은
결국 4,000원이다

　1,000원을 가지고 흥미로운 시도를 하기에 식당이 좋은 까닭은 판매업이나 서비스업은 주로 혼자서 구매하지만 외식업은 혼자보다는 여럿의 비중이 높아서이다. 바로 테이블과 4개의 좌석이 그걸 증명해 준다. 따라서 외식업의 1,000원은 4,000원까지 늘어날 수 있다. 원가가 4,000원이면 얼마든지 판매가로 1만 원에 육박하는 큰 것을 만들 수 있기 때문에 외식업만이 지닌 무기로 1,000원은 유효하다.

　그렇다면 쉽게 풀어야 한다. 4,000원으로 뭘 할 것인가가 아니라, 1만 원짜리 음식으로 내줄 수 있는 것이 뭔가를 찾아보는 것이다. 재료비로 4,000원을 따져 무엇을 만들 것인가로 생각하면 의외로 벽에 막힌다. 그러나 그것을 1만 원짜리 (곁들임)음식이나 안주로 바꾸면 그때는 머릿속이 바빠진다. 1만 원으로 예상되는 먹거리는 꽤나 많기 때문이다.

당연한 소리지만, 노래방에서는 1인당 1,000원을 할인해 줄 수 없다. 공간 하나의 가격이기 때문이다. 할 수 있다고 치자. 그런데 손님이 엄청 고마워하지는 않는다.

미용실에서 1인당 1,000원을 할인해 주면, 그저 1,000원의 개별 할인으로 끝난다. 손님이 원래 받는 가격인데 값을 올렸다가 할인해 주는 꼼수라고 판단할 수도 있다. 1,000원이 그냥 현금 1,000원으로만 규정되기 때문이다.

그러나 식당에서 1,000원은 둘이라면 최소 2,000원(판매가로는 5,000원), 넷이 왔다면 최대 4,000원(판매가로는 1만 원)이 된다. 그 개념을 항시 잊으면 안 된다. 이 개념을 몸에 습관화하면 손님을 놀라게 할 거리는 지천에 늘려 있다.

식당이 가진 무기가 꽤 여럿 있다. 음식 맛이 전부는 아니다. 음식이 다소 떨어져도 웃으면서 정성을 보이는 서빙만으로 용서받을 수 있다. 그런 여러 가지 무기 중에서 별것 아닌 1,000원짜리 1장은 사용하는 머리에 따라서 어마어마한 결과를 가져 온다. '애개?'라고 생각지 마라. 그 '애개?'를 바꾸는 것이 바로 한 끗의 차이다.

커피 값 리필 1,000원은
천박한 계산이다

양수리 북한강변에 있는 커피숍에 간 적이 있다. 풍경이 좋은 강가에 있는 집이라고 아메리카노 가격이 무려 7,000원이나 했다. 아무리 고급한 원두를 사용한다고 해도 원가가 300원쯤인데 말이다.

3명(꼬맹이 포함)서 2잔 시켰다고 "1인 1음료가 아니라, 리필은 안 됩니다."라고 했다. 참 정 없이 말했다. 만일 돈이 없어서 2잔 시켰으면 사람 무시했다고 싸웠을지도 모른다. 커피 값을 싸게 받는 것도 아니고 아메리카노를 1잔에 7,000원이나 받으면서 기어이 리필은 1,000원이라고 했다.

이것도 상당히 불편한 계산법이다. 상당히 고급스럽고, 큰 커피숍이었다. 거기에 자리도 근사했다. 강변이라고 아메리카노를 7,000원 받고, 스무

디는 스타벅스에서도 6,000원이면 먹는데 무려 9,000원을 받았다. 투자를 많이 하고, 시설 값으로 분위기 값으로 그리 받는 것은 괜찮다. 그건 자기 마음이다. 주인 마음이다. 들어가서 주문할 때 가격이 걱정이면 그냥 나가면 되니까 값을 어떻게 받는가는 누구 탓할 것 없다.

하지만 중요한 점은 7,000원이나 받는 커피를 1,000원 때문에 손님과 실랑이를 해야 한다는 점이다. 그깟 1,000원 때문에 그 멋진 시설과 규모가 커피숍의 중심에서 뒷전으로 밀리고 불평을 들어야 한다. 바로 1,000원을 제대로 쓸 줄 몰라서다.

투자를 많이 했으니까, 가격은 다시 말하지만 자기 맘대로 정하면 된다. 그걸 사 줄 사람은 이해할 거고, 그걸 사기 힘든 사람은 어떤 이유든 욕할 거니까 그거야 상관없다. 그런데 리필 값 1,000원을 모아서 수억 원 들어간 인테리어 비용을 건질 것은 아니다. 이미 그런 투자 값으로 스타벅스보다도 비싸게 커피를 판다. 그러면 거기서 멈추는 것이 좋다. 1회 리필해 줘도 망하지 않는다. 아이를 포함해서 온 3명에게 1인 1음료를 시키지 않았다고 리필은 안 된다고 야박하게 못 박지 않아도 좋다. 1,000원으로 스스로 분위기를 값싸게 만들 이유가 없다. 그 1,000원 때문에 수억 원 들어간 인테리어를 폄하하는 손님의 목소리를 굳이 들어야 할까?

아메리카노 원가가 아무리 비싸도, 브랜드 커피라도 1,000원을 넘지 않는다. 그걸 7,000원에도 사 먹는 사람들에게 감사해야 한다. 물론 그런 장소를 구하는 데 엄청난 값을 치렀다. 근데 그건 본인이 결정한 일이다. 그 투자비를 음식 값으로 빼겠다고 무리하게 높은 가격을 받아내려다 망한 집들은 흔하다. 외국 유명 셰프를 데려다가 높은 가격을 매겨 팔겠다고 수십억 원 투자했다가 망한 레스토랑은 흔하다. 어쩌다 한 번은 먹는다. 한 번은 유명세 구경 값으로 쓴다. 그러나 그 이상은 쓰지 않는다. 특히 리필과 같은 사소한 것에서 1,000원은 아주 천박한 계산이 아닐 수 없다.

이 책을 쓰던 중에 강 건너 근사한 커피숍에서 리필을 2,000원어치 했다. 웃긴 건 "주말에는 리필하지 않습니다."라고 아주 당돌하게 써 둔 문구였다. 주말에는 한잔 마셨으면 후딱 자리를 비우라는 뜻이다. 물론 충분히 이해하고 공감한다. 필자가 차린 식당에도 주말에는 자잘한 서비스는 하지 말라고 하기 때문에 충분히 이해한다. 문제는 표현이다. 어떻게 표현할까에 대해서 고민해야 한다.

6장에서 주말에는 볶음밥을 팔지 말라고 조언한 이야기를 자세히 풀어 놓았다. 주말에 어떤 표현으로 양해를 구하고, 그걸로 인해서 오히려 평일도 좋아지는 과정을 볼 수 있다. 지적은 누구나 다 할 수 있지만, 좋은 조언은 지적이 아니라 해결을 해 준다.

음료수, 공깃밥 1,000원을 꼭 받아야 하는가

음료수 1,000원이 뭐 대단한 일일까? 만일 그렇다면, 지금 여러분 식당의 메뉴판을 보라. 얼마인가? 음료수는 만들어 파는 것이 아니다. 음료수 원가가 비싼 것도 아니다. 간혹 큰 것 주고 2,000원 받는 곳도 있긴 하다. 무엇보다 음료수 팔려고 식당을 차린 것이 아니다.

알아야 한다. 손님은 10만 원짜리 회를 먹고도, 1,000~2,000원 우수리에 짜증을 낼 수도 있고, 20만 원어치 한우를 먹고도 계산할 때는 공깃밥 수와 음료수가 몇 병인지 헤아린다는 사실을······.

11만 원에서 1만 원 깎아 준다고 좋다고 하지 않는다. 외려 '비싸게 받고서 깎아 주는 척하는 것 모를 줄 알아?'라고 생각한다. 그런데 11만 몇 천

원에서 공깃밥, 서비스, 음료를 공짜로 체크하고 빼 주면 무척 좋아한다.
필자부터도 그런 식당을 다르게 본다.

그냥 뭉뚱그려 깎아 주는 것도 물론 기쁘고 고맙지만, 시간이 지나면
그게 기억에 남지는 않는다. 그런데 많이 시킨다고 공깃밥 그냥 주고, 아이
예쁘다고 음료수 공짜로 서너 병 주는 집은 기억에 남는다. 그래서 덜 깎
아 주고도 생색낼 수 있는 것이 바로 공깃밥과 음료수다. 남들 다 받는 값
을 받지 않는 것과 그저 식당이 정한 가격을 깎아 주는 것은 다르다. 남들
다 받는 값이라는 뜻은 정해진 가격이 분명히 있다는 것이고 경험상 잘
안다. 식당에 가서 공깃밥 주문할 때 가격표 보지 않고 주문하는 이유가
바로 그런 것이다.

그런데 노가리 가격은 호프집마다 다르다. 먹태 가격도 다르고, 멕시칸
샐러드 값도 다 저마다이다. 그러니까 합산 가격에서 빼 주는 것은 병 주
고 약 주고의 개념으로 인식된다. 실제로 어떤 식당(술집)은 할인해 줄 것
을 염두에 두고 가격을 매겼다가 인심 쓰듯이 깎아 주는 곳도 있다. '뭔가
비싼데?'라고 생각하고 먹다가 나중에 가격을 깎아 줄 때 대수롭지 않게
속으로 '그럴 줄 알았어.'라고 했던 경험이 있을 것이다.

사람마음이 그렇다. 의심이 굳혀지는 멘트가 있고, 별거 아닌데 사람을
기분 좋게 만드는 멘트가 있다. 공깃밥 1,000원, 음료수 1,000원이면, 원가
는 겨우 300~400원 남짓이다. 모이면 큰 돈이지만 그것 모아서 빌딩 살
것 아니다. 티끌모아 태산이지만, 지금 1,000원짜리 공깃밥과 음료수를 많

이 팔려고 차린 식당이 아니다. 제발 통을 크게 가져라. 1,000원으로 손님을 만족시킬 찬스를 왜 발로 뻥 걷어차려 하는가?

계산할 때 빼 주는 것이 아니다. 그렇게 하는 건 의미가 없다. 6,000원짜리 칼국수를 먹는데 공깃밥을 그냥 내주라는 소리는 더더욱 아니다. 그건 꼭 받아야 한다. 대신에 4만 원짜리 아구찜을 먹을 때는 공깃밥을 생색내면서 그냥 주라는 것이다.

"자주 오시니까 드리는 겁니다."

"담에 또 꼭 오실 것 같은 느낌이 들어서 드리는 겁니다."

"부모님과 오신 손님이라서 고마워서 제가 그냥 드리는 겁니다."

"아이가 얌전해서 오늘 공깃밥은 그냥 드립니다."

테이블 단가가 나올 때 이런 멘트로 생색을 내면서 1,000원을 기품 있게, 의미 있게 쓰라는 것이다. 이게 어려운가? 필자가 식당의 식 자도 몰라서 하는 팔자 좋은 소리일까? 그렇다면 기어이 공깃밥을 뚜껑 하고 짝 맞춰 세어 보고, 상 아래에 실수로 둔 콜라병까지 다 세어서 끝내 다 받아낼 것인가? 그런 식으로 장사를 하고 싶은가?

1,000원
지금 바로 올려 보세요

지금 식당에 걸린 메뉴판을 보고, 거기에 쓰여 있는 가격에다 1,000원을 올려 보라. 그 1,000원을 무엇으로 주면 좋아할까 생각해 보라. '내가 손님이라면 그것 때문에 좋아할까?' 물어보라. 그래서 만일 좋다는 확신이 선다면 그렇게 하라. 어렵지 않다. 그렇게 손님을 위한 무기를 만들어 내는 것이다.

이때 주의사항이 있다. 원래 6,000원 도시락의 원가는 2,500원 정도 한다. 판매 가격의 40%다. 그 6,000원 도시락을 7,000원으로 올릴 때 원가를 3,500원 즉 50%라고 생각해서는 안 된다. 7,000원에서 3,500원을 쓰지만, 내 원가는 2,500원 즉 40%라고 생각해야 한다. 내 마음속 판매가는 6,000원이기 때문이다. 그래야 그런 상차림을 만들 수 있다. 그래야 손님이 늘어도 그걸 유지할 수 있다. 7,000원은 볼륨을 키우기 위한 묘책이다. 손님의 돈 1,000원이다.

남들이 쉽게 1,000원을 못 올리는 이유는 바로 이 때문이다. 남들이 50%를 원가에 투입하지 못하는 이유, 남들이 떡라면에 떡만 500원어치를 넣어 주지 못하는 이유는 바로 판매가 6,000원이 아니라 7,000원에서 세금을 따지기 때문이다. 물론 세금은 내 마음속 판매가 6,000원이 아닌 실제 판매가 7,000원에 붙는다. 세금을 좀 더 내는 것이 못내 못마땅하다면 그냥 지금처럼 6,000원으로 손님을 잡아야 한다.

어떻게 만들어야 손님을 재방문하게 할 것인가는 본인이 풀어야 한다. 재료비를 높여 마진을 줄여서 파는 방법도 있고, 기발한 비법으로 같은 원가에서 맛을 뛰어나게 하는 방법도 있다. 그걸 할 수 있다면 하면 된다. 만일 내 마진을 뺏기기도 싫고, 비법도 없다면 내일도 오늘처럼, 오늘은 어제와 같은 하루가 될 뿐이다. 그렇게 시간 연명을 할 뿐이다. 바로 1,000원을 올려서 원가를 50%라고 계산하는 산수 때문이다. 7,000원으로 많이 팔리면 세금을 엄청 더 내게 될 거라고 생각하는 두려움 때문이다.

앞에서도 했던 말이지만, 이것을 깨닫는 순간 식당 장사는 매우 쉬워진다. 가격이 옆집과 같지 않아도 당당하다. 좀 더 비싼 집에서 제대로 식사하는 것을 더 좋아하는 손님도 많다. 싼 집에서 먹는 한 끼의 외식이 즐거울 사람은 없다. 그래서 손님에게 더 받아내서 손님이 만족할 만한 것에 투자하는 것이다. 손님에게 엄청 받아내서 가격에 저항감을 느낄 정도가 아니라 손님 1명당 겨우 1,000원을 더 받아서 그걸 다시 손님에게 되푸는 것이다. 손님에게 1,000원을 빌려서 그 돈으로 더 가성비 있는 식탁을 만들어 주는 것이다.

당신의 돈이 아니다. 그러니까 그 돈을 원가에 포함할 이유가 없다. 그냥 6,000원에 2,500원 원가가 들어갔을 뿐이고, 3,500원이 남았으니 그걸로 인건비, 임대료, 공과금 내고 본인이 갖는 것이다. 부가세를 100원 더 냈다? 6,000원인데 7,000원에 팔았으니까 부가세를 100원 더 낸 건 맞다. 그런데 손님이 더 온 것은 어떻게 따지고 계산할까? 6,000원 받고 팔 때의 손님 숫자와 7,000원 받고 팔면서 늘어난 손님 숫자는 누구에게 좋은 결과일까?

소득세도 올라갔다? 100원이 엄청 모여서, 손님이 하도 늘어서 소득세가 엄청 나왔다? 실제로 이걸 걱정하는 점주도 있긴 했다. 그러면 간단하다. 하던 대로 파는 것이다. 지금처럼 매출을 올리기 위해 허덕이면서 장사하고 세금 내면 된다. 남들이 세금으로 수천 만 원을 낼 때, 그냥 기백만 원 세금 마련하느라 얼굴 붉혀 가며 돈 빌리면서 장사하면 된다. 아무도 그 길을 말리지 않는다. 그렇게 수년 전과 수년 후가 똑같은 모습으로 살아가면 된다.

칼국수 값 1,000원을
김치로 풀어라

칼국수 1,000원을 더 받고서 칼국수에 고명으로 투자하는 것은 너무 뻔한 패턴이어서 다른 식으로 고민할 필요가 있다. 칼국수 1,000원씩 더 받는데 그게 100그릇이면 하루 10만 원이 된다. 10만 원을 더 벌었다.

그런데 그 돈은 내 것이 아니다. 아니어야 한다. 그래야 손님이 늘어난다. 하루 100그릇이 아니라, 300그릇, 400그릇이 되게 해야 한다. 그걸 위해서 1,000원을 올린 것이다. 그러니까 그 1,000원은 아주 알차게, 기가 막히게 효율적으로, 폼 나게 써야 한다.

바로 겉절이에 투자하는 것이다. 칼국수용 김치를 만들 때 100인분 양에 10만 원어치 재료를 더 넣는 것이다. 그렇게 되면 당연히 배추와 고춧가루를 국내산으로 할 수 있다. 굳이 중국산을 쓰지 않아도 된다.

칼국수의 제일가는 짝꿍이 바로 겉절이(김치) 아닌가? 그것에 힘을 쏟는 것이다. 칼국수는 더 맛나게 만들 재주가 없다고 항복하고서, 짝꿍을 건드리는 것이다. 그래서 그것 때문에 손님이 오도록 만드는 것이다. 근방에 김치로는 따라올 수 없는 식당으로 탈바꿈하는 것이다. 바로 칼국수 값 1,000원을 더 올렸기 때문에 가능한 이야기다. 꿈꾸던 계획을 실행으로 옮길 수 있다.

"아니…… 이게 칼국수 김치야? 보쌈김치지!"

"역시 근방에서는 이 집 이 맛이 최고야~."

"칼국수엔 역시 김치지~."

칼국수 값 1,000원을 올려서 칼국수를 보강할 수도 있지만, 이렇게 김치를 선택할 수도 있다. 단순히 1그릇 1,000원 인상으로 100그릇에 10만 원이라는 결과물을 가지고 근사한 작품을 만들 수 있는 것이다. 이게 바로 1,000원의 힘이다. 한 끗의 묘수가 되는 것이다. 내 마진을 손해 보지 않고서도 손님을 줄 세울 수 있는 기회를 만들어 내는 것이다.

국민 김치찌개 값은
건드리면 안 되는 것인가

김치찌개 가격을 1,000원 더 받았다.

    – 뭘 어떻게 주면 손님이 이해할까?

    – 뭘 어떻게 주면 손님이 좋아할까?

    – 뭘 어떻게 주면 손님이 역시라고 인정해 줄까?

    – 뭘 어떻게 주면 손님이 나가면서 "이래도 남아요?"라고 할까?

    – 뭘 어떻게 주면 손님이 며칠 후 또 올까?

    – 뭘 어떻게 주면 손님이 다른 손님을 계속 소개할까?

'맛있게 한다.'는 소리는 마라. 맛은 기준이 없다. 정답도 없다. 맛있게는 식당 주인이 하는 소리다. 손님이 먼저 말하지 않는 맛은, 내일은 전혀 기대할 수 없는 그저 그런 식당의 음식일 뿐이다.

음식은 이런 질문으로 만들어야 한다. 남들이 내주는 식으로, 남들 다 하는 스타일로, 남들과 다르면 죽는 줄 아는 마음으로는 절대 달라지지 않는다. 1인당 1,000원을 더 받는다면, '받아내어서'라는 전제 아래 문제를 풀어 보라는 것이다. 그 1,000원은 2명에겐 2,000원, 3명에겐 3,000원, 4명에겐 4,000원이 된다. 그것에 3을 곱한 것이 식당에서 흔히 보는 판매 가격이다.

- 2인분이라면 2,000원으로 고기를 듬뿍 줄 수 있다.
- 3인분이라면 3,000원으로 고기 듬뿍과 계란 프라이도 해 줄 수 있다.
- 4인분이라면 4,000원으로 고기 듬뿍과 계란 프라이, 거기에 김도 내줄 수 있다.

손님이 여럿 올수록 서비스의 깊이는 더 깊어질 수 있다. 그것이 바로 1,000원의 힘이다. 한 끗의 차이가 손님들에게 얼마나 깊은 인상을 주는지 느껴 보기 바란다.

샤부샤부집에서 할 수 있는
1,000원의 마술

샤부샤부집에서 1,000원을 더 올려 받으면 손님에게 줄 수 있는 것이 꽤 많아진다. 아무것도 아닌 금액 같지만, 꽤나 손님을 기쁘게 할 수 있다. 1,000원어치(최소 2인 기준이므로 2,000원어치)의 채소를 더 주면, 식탁이 더 풍부해진다. 원가로 2,000원이라면 샤부샤부에 넣는 칼국수 같은 사리면도 얼마든지 넉넉하게 줄 수 있다.

그것뿐만이 아니다. 등심도 원가 2,000원이면 최소 반 접시는 가능하다. 반찬으로 나오는 샐러드를, 파스타집 샐러드마냥 줄 수도 있다. 원가 2,000원이면 전혀 불가능하지 않다. 불가능하지 않다는 것을 알면서도 주저하게 되는 건 왜일까? 바로 남기고 싶은 마음 때문이다.

'왜 2,000원어치를 다 투입해서 줘야 해? 1,000원만 쓰고, 나머지는 내가 가지면 그만큼 수익이 오를 텐데 말이지.' 이런 마음이 들 때는 떡라면을 생각해 보라. 그냥 라면보다 500원이 더 비싼데, 떡은 절대 500원어치가 아니라는 건 초딩이 봐도 안다. 500원이나 더 받는데 떡은 겨우 100원, 200원어치 넣어 주니까 더 이상 떡라면은 먹지 않는 것이다. 정말로 떡 몇 조각이라도 먹고 싶다면 몰라도 그게 아닌 이상은 시키지 않는다.

후식을 잘 주는 샤부샤부집을 보면 장사를 잘한다는 생각을 하게 된다. 그래서 좀 더 낸 돈이 아깝지 않다. 아이스크림을 나가서 사 먹으려면 1,000원이 넘는데, 샤부샤부집에서 담아 주는 아이스크림이 전문점의 것이 아니라고 1,000원의 가치가 없다고 할 수는 없다.

아무것도 특별한 게 없고 남들이랑 똑같은 금액을 내야 하는 식당은 기억에 남지 않는다. 기억에 남지 않으니 재방문하는 간격이 길어진다. 재방문을 자주 하지 않으면 끝내 가지 않게 된다. 그런 손님이 늘어날수록 식당 경영이 어려워지게 된다. 그런 상황에 닥쳐서야 할인을 할 바에야 지금 당장 가격을 올리고 손님을 기쁘게 할 수 있는 것에다 투자를 해라. 올린 가격에 대해서는 티끌도 욕심내지 말고 재료비로 사용해라. 망하게 됐을 때 손님을 유치하기 위해 할인해 주는 것과 비교해 보라. 얼마나 다행인지 모른다고 스스로 칭찬해 줘라.

산수를 잘하면 손님을 이길 수 있다. 손님 돈으로 손님을 쥐락펴락할 수 있다. 손님에게는 그저 1,000원짜리 1장이지만, 우리 식당은 그 돈으로 주방에서 별별 마술을 부릴 수 있기 때문이다.

모둠곱창 4만 원에
무엇으로 손님에게 만족감을 줄까

모둠구이 600g을 구우면 절반은 사라진다. 불판에서 수분이 쫙 빠져서 홀쭉이가 된다. 가격이 싼 음식도 아닌데 눈앞에서 사라진 두께가 아쉽다. 그래서 곱창을 구운 후 가성비를 느끼긴 참 어렵다. 얼마 전에 간 식당도 모둠곱창 1판에 4만 원을 받았다. 크게 비싸지 않은 가격이다. 어딜 가나 그 정도는 받는다.

누누이 말하지만 식당의 음식 가격은 정부가 정해 주는 것이 아니라 식당 주인이 정하는 것이다. 팔 자신이 있다면 비싸게 받고, 팔 자신이 없다면 싸게라도 매기는 것이다. 절대로 누구를 위해서도 아니고, 사명감으로 싸게 파는 것도 아니다. 그 가격으로는 팔아야 한다는 주인의 판단에 의해 매겨진 것이다. 그래서 그 가격을 가지고 손님은 왈가왈부할 까닭이 없다. 주머니 사정이 감당된다면 가는 거고, 가기 부담스럽다면 가지 않으면 되는 것이다.

손님이 가격이 싸네, 비싸네를 지적하는 것은 일종의 갑질일 수 있다. 돈을 내는 입장에서 하는 갑질인 것이다. 팔리지 않으면 가격은 내려가게 되어 있고, 생각보다 많이 팔리면 쌌던 가격도 오르는 게 이치다. 그래서 폭발적인 손님몰이에도 처음 가격을 유지하는 식당은 진짜 고수라고 할 수 있다.

자, 이렇게 불판에서 양이 작아진 곱창을 보완해 줄 것으로 뭘 내주면 좋을까? 이번엔 1,000원을 더 받는 문제가 아니다. 모둠곱창 1판 4만 원이라고 이미 정했다. 그러니 더 받지 않아도 좋다. 그만한 테이블 단가면 그정도 인테리어를 한 식당에서는 무난한 가격이다. 더구나 술도 매출을 올리는 데 보탬이 된다.

그렇다면 4만 원짜리 모둠곱창에서 무엇으로 손님에게 만족감을 안겨주면 좋을까? 주인의 입장에서 생각하면 막힌다. 명쾌한 답을 얻으려면 손님의 입장에서 생각해야 술술 풀린다.

모둠곱창을 먹고 나서 대부분은 볶음밥을 먹는다. 적당히 남은 곱창과 숨은 죽었지만 남겨진 야채를 잘게 썰고 밥을 볶아서 먹는 맛은 나름의 별미다. 이게 바로 손님이 원하는 포인트다. 곱창을 4만 원어치나 먹었지만 조금 아쉬움을 느낄 때 추가로 먹는 볶음밥을 기어이 돈을 받고 팔기보다는, 4만 원이나 올린 매출에 만족하고 볶음밥을 서비스하는 것이다.

이때 서비스가 더욱 효과적이 되려면 메뉴판에 볶음밥 가격을 2,000~3,000원쯤으로 표시해 놓는 것이다. 그러면 손님이 값진, 특별한 서비스를 받는다고 느끼게 된다.

식당 주인이 그 음식의 마무리를 돕는 후식 서비스를 하며 멘트를 날리면 손님은 4만 원이라고 생각지 않고, 본인이 먹은 곱창 가격을 볶음밥 가격을 뺀 3만 7,000원쯤으로 생각한다. 다른 집보다 싸다고 느끼게 되는 것이다.

테이크아웃 할인에서
배워라

"테이크아웃 하면 2,000원 할인!"

모두가 테이크아웃 하러 온 손님들이라고 생각하라. 그 사람들이 지금 홀에서 자리를 차지하고 있다. 모두 자리에 앉아서 내 식당에 손님이 많다고 일부러 바쁜데 광고해 주는 도우미 역할을 한다고 생각하라.

이렇게 생각하면, 테이크아웃이 아니라 홀에서 식사하는 손님에게도 2,000원어치(원가가 그러니까 실제는 더 대단하게)를 더 줄 수 있다. 이렇게 마음을 먹으면 원가에서 자유롭다. 그렇게 가성비는 덤으로 얻어 낼 수 있는 것이다. 그러다 보면 손님이 줄을 서게 된다.

그런데 더 중요한 사실이 있다. 테이크아웃은 그저 2,000원을 할인해 줄 뿐이다. 홀에서는 2,000원 할인 대신에 2,000원을 가지고 3배를 부풀려 무언가를 줄 수 있다. '엄청 남겨 먹네?'가 아니다. 그렇게 해도 거기서 비싼 임대료 내고, 인건비 주고 나면 주인이 갖는 몫은 미비하기 그지없다. 알고 나면 눈물이 날 수도 있다. 이렇게 박한 장사가 식당이냐고 위로의 말을 아끼지 않을 수 없을는지 모른다.

포장해 가는 손님에게는 가격 할인으로 기쁨을 줬다면, 홀에 있는 손님도 포장해 가는 손님이라고 맘먹으면 2,000원 못 깎아 줄 것 없다. 절대로 틀린 말이 아니다. 그런데 그렇게 홀에서도 깎아 주면 그게 원래 가격이 아닌가 하는 의심을 받게 된다. 원래 그 가격인데 당신이 올려놓고 깎아 주는 게 아니냐고 공격받는다. 그래서 홀에서는 깎아 주면 안 된다. 홀에서 깎아 주지 않아야 포장 할인 2,000원의 값어치가 빛나는 법이다.

포장은 사실 겨우 2,000원을 깎아 주는 것이다. 그런데 홀에서는 깎아 주는 대신에 그만큼을 원가로 투입하면 6,000원어치에 준하는 무언가를 줄 수 있다. 그렇게 되면 홀에서 먹는 손님들의 만족도는 2,000원 할인보다 더 크게 와 닿게 된다. 그래서 여기서 먹고 갈 것인가, 포장해서 가져갈 것인가를 고민하게 된다. 둘 모두의 선택지가 좋아서 하는 고민이다. 무엇을 선택해도 손님에게 유리한 고민이 되는 것이다. 그러면 손님은 식당에 충실하게 된다. 식당이 보여 준 손님에 대한 이타의 마음에 감사함을 가지게 된다. 그것은 재방문, 구전 홍보로 이어진다.

포장에서도 2,000원 할인 대신에 덤이 더 낫지만, 편하게 할인을 결정한 식당이라면 그 계산을 홀에 있는 손님에게도 적용시켜야 한다. 이렇게 식당의 산수는 손님을 기쁘게 해서 자발적으로 친구하자고 손 내미는 산수여서 어렵지 않다. 마음먹기에 달렸다. 그렇게 줘서 얼마가 남는가를 속으로 셈하지 마라. 팔리지 않으면, 많이 팔리지 않으면, 잘 팔리지 않으면 아무것도 남지 않고, 남지 않으면 장사는 하는 의미가 사라져 버린다.

손님이 만족할 산수를 따져라. 그렇게 해서 경쟁자보다 내 식당을 우선으로 찾게끔 해야 한다. 절대 어렵지 않다. 손님은 그 계산이 식당보다 자신에게 이득이라는 점을 잘 간파한다. 수많은 경험에서 얻은 본능적 판단이다. 모든 손님에게는 음식을 받자마자 대번에 지불 가치를 평가할 수 있는 능력이 있으니, 안심하고 필자가 제안하는 산수법을 받아들여라. 그러면 당장 내일부터 음식을 받는 손님의 반응이 달라질 것이다.

3장

식당을 만들 때의
더하기 빼기

같은 거래를 해도 어떻게 하는가에 따라서 결과는 달라진다. 흔히 '아 다르고, 어 다르다.'는 말이 바로 그것이다. 조삼모사도 어쩌면 거래 기술을 설명하는 최고봉일는지도 모른다. 아주 간단하게 거래 기술이 얼마나 다른지를 설명해 보겠다.

김사장은 통이 크다. 그 덕분에 이득을 더 많이 보는 스타일이다. 예를 들면, 시장에 가서 거래처를 틀 때 이것저것 꼼꼼하게 알아보고 비교한 후에 마음에 드는 집이 결정되면 다음과 같이 시원시원하게 말한다.

"사장님 제가 500만 원을 물건 값으로 먼저 드리고 매일 20만 원어치씩 물건을 주문할 테니까, 제일 좋은 놈으로 주세요."

다른 사람들은 대부분 다음과 같이 말한다.

"사장님 매일 제가 20만 원어치씩 꾸준하게 거래할 테니까 제일 좋은 물건으로 주세요."

물건을 파는 입장에서 어떤 차이가 있을까? 물론 돈에 여유가 있어야 이렇게 거래처에 선수금을 통 크게 박을 수 있다. 당장 일주일 뒤에 내야 할 월세도 버겁다면 이런 게 가당할 리 없다.

그런데 돈에 여유가 없는 건 당신 사정이다. 이렇게 미리 주고 거래를 하라는 것이 아니라, 이런 식으로 거래 방식을 바꾸면 결국 본인이 이득이라는 셈법을 알려 주려고 한다. 지금부터 찬찬히 읽어 보기 바란다.

가게를 구할 때 중개수수료에
수고비를 더해서 줘라

가게를 구할 때도 기술이 있다. 그 모든 기술을 다 알려 줄 생각은 없다. 기술은 반드시 경험이 수반될 때 좋은 결과로 얻어지기 때문이다. 단순하지만 생각을 바꾸면 내가 이득이 되는 기술 하나 정도면 충분하다. 살면서 가게 구할 일이 수십 번 되지는 않을 테니 말이다.

부동산은 후불제다. 미리 복비를 주고 물건을 보여 달라는 일은 없다. 철저하게 결과를 낸 후에 일한 대가를 받는 것이 부동산중개소다. 대부분은 복비를 한 푼이라도 깎으려고 한다. 법에서 정한 요율 외에는 주지 않으려고 한다. 모두가 이런 패턴을 따를 때, 다음과 같은 말 한마디는 큰 차이가 있다.

"사장님, 좋은 물건으로 계약하고 싶어요. 수고하시는 중개료는 분명히 더 드릴 겁니다."

말할 때도 일부러 복비라는 표현보다는 고급스럽게 중개료라고 한다.

이게 기술이냐고? 맞다. 이게 기술이다. 생각해 보라. 당신이 가게를 구할 때 이렇게 말한 적이 있었던가 생각해 보자. 없을 것이다. 일단 칼자루를 쥔 갑의 위치니까 "사장님 하시는 거 봐서 드릴게요."라고는 해도 이렇게 정중하게 말한 적은 없을 것이다. 그렇게 하는 이유는 부동산 중개업자가 하는 일이 그다지 어렵게 보이지 않아서다.

가만히 앉아서 팔려는 사람들의 전화를 받아서 장부에 기록하고, 사겠다는 사람이 오면 데리고 가서 보여 주는 것이 전부라고 생각하기 때문에 수백만 원의 복비를 줄 까닭이 없다고 생각해서다. 그런데 그런 식으로 따지면 이 세상의 중개일은 모두 같을 것이다. 중개자가 하는 일이 원래 그런 일이다. 그런데 그 일이, 당신이 단순하게 보는 그 일이 아무나 할 수 있는 일은 아니라는 것이다.

부동산중개소는 매물을 받으면 매물을 확인해야 한다. 그 매물의 소유주가 누구고 어떤 관계인지 파악해야 한다. 앉아서 할 수도 있고, 나가서 확인할 수도 있다. 그리고 거래를 시킬 매물인지도 판단해야 한다. 건물주의 성향도 알아야 하고, 주변 임차인끼리의 관계도 알아야 한다.

매물을 구하러 온 사람에게 일일이 데리고 다니면서 보여 주는 일이 쉽기만 한 일일까? 전화를 걸어서 언제 간다고 해야 하고, 일하는 사람들 모르게 보여 줘야 하고, 여간 신경 쓸 일이 많은 것이 아니다. 거래를 하겠다고 하면 일은 그때부터다. 등기부를 살펴야 하고, 진짜 임차인과 건물주가 맞는지도 확인해야 한다. 신고증도 확보해야 하고, 사업자등록증 반납 등도 챙겨야 한다.

까딱 방심하다가는 건물주가 다르거나, 매도인이 다른 사람이어서 큰 피해가 발생할 수도 있다. 아차 하는 순간에 수천 만 원에서 수억 원을 사기당할 수도 있는 일이다. 모든 일은 거저먹는 것도 없고, 쉬운 일도 없다. 그게 그렇게 쉽다면 왜 부동산중개 자격증 시험이 어려울까?

'중개수수료를 더 주고 얻는 계약이 무슨 기술이냐?'고 할 수 있다. '같은 물건을 더 비싼 돈을 주고 얻는 게 무슨 대단한 기술이냐?'고 할 수도 있다. 거기에 반론을 제기해 보겠다.

일단, 권리금이 있는 경우의 거래다. 당신이 어떤 인상을 심어 주는가에 따라 부동산은 파는 사람이 아닌, 내 입장을 들게 된다. 내 사정에서 생각하고, 내 주머니 쪽에서 계산을 한다.

어차피 나가는 사람보다는 사는 사람 입장을 들게 된다고 착각하지 말자. 당신이 지금까지 가게를 구하고 나서, 식당을 중개해 준 부동산이 가게에 온 적이 있었는가 생각해 보라. 그런 경우보다는 없는 경우가 더 많을 것이다. 어차피 당신도 크게 볼 일이 없다. 부동산 중개업자가 당신 가게에 와서 팔아 줄 거란 기대는 하지 않는 것이 좋다.

그러니까 철저하게 어느 쪽 편에서 계산을 하게 할 것인가를 따져야 한다. 더 주겠다고 하는 쪽 계산이 우선이다. 사람이니까 당연한 소리다. 내

일의 가치를 더 쳐 주겠다는데 그걸 마다할 리 없다.

　권리금은 파는 사람이 정한다. 장사가 잘되는 경우에는 파는 사람이, 장사가 징그럽게 안 되어 나가려고 할 때는 구하는 사람이 칼자루를 잡는다. 그런데 그 중간에 부동산중개소가 있다. 어쩌면 가장 강력한 칼자루는 부동산중개소가 쥐고 있는지도 모른다. 세 사람이 각자의 입장을 가지고 흥정을 할 때 어느 쪽 두 명이 되는가의 차이는 실제로 경험해 보면 굉장히 크다는 것을 알 수 있다. 권리금을 더 깎기를 원한다면 당연히 부동산중개소를 내 편으로 만들어야 한다.

　권리금이 없는 경우에는 굳이 그렇게 하지 않아도 될까? 권리금이 없다면 흥정은 건물주와 해야 한다. 부동산중개소가 중간에서 어떻게 말하는가에 따라서 보증금이 달라질 수 있고, 월세도 달라진다. 부동산의 태도에 따라 한 달 공사 기간이라도 더 받아낼 수 있고, 계약 기간을 2년이 아닌 3년으로 해 달라고 할 때도 부동산중개소가 거드는 정도에 따라 결과가 달라진다.

　좋은 거래를 하고 싶다는 것은 나에게 유리한 거래를 하겠다는 뜻이다. 권리금을 덜 주고, 보증금을 조금이라도 낮춰서 계약하면 팔 때 유리하다. 권리금과 보증금을 합한 가격이 낮을수록 권리금을 더 부를 수 있기 때문이다. 당연히 월세가 싸면 장사하는 기간에 유리하고, 계약 기간이 길면 그만큼 월세가 오르지 않으니 이득이다. 모든 게 이처럼 이득이다. 그 이득을 원한다면 부동산중개소를 내 편으로 만들어야 한다.

"권리금 싸게 주면 얻을게요."

"계약 기간 길게 잡아 주면 얻을게요."

그런데 이건 미리 주는 돈이 아니다. 말로 줄 뿐이다. 실제로 계약을 하고 나서 뒷말을 하면 서로 싸워야 한다.

"사장님 제가 더 드릴 거니까 권리금 한 번 더 부탁해요."

"사장님 수고와 역할만큼 당연히 보답할 거니까 3년 해 주라고 언질 부탁해요."

좋은 매물도 보지 않았는데, 계약도 아직 하지 않았는데 복비가 걱정이고 아까우면, 가게 구하는 일은 끝도 없이 길어질 뿐이다.

인테리어도
성형수술과 다를 바 없다

성형수술을 한다고 치자. 정해진 돈에서 모든 부분을 다 성형하고 싶은 욕구가 있다면 그게 가능할까? 그게 가능하려면 눈 적당히, 코 적당히, 턱도 적당히 해야 할 것이다. '적당히'와 '제대로'는 분명 다르다.

식당 인테리어는 어떨까? 식당도 마찬가지다. 정해진 돈에서 골고루 다 잘하려고 하면 결국 나중에 어정쩡한 결과물을 얻게 된다. 적당히 예쁘면서 어정쩡한 것과, 어딘가 모자란 듯하면서 어정쩡한 것은 분명히 다르다. 그게 어느 쪽으로 어정쩡해질지는 결과마다 다르겠지만, 어쨌든 간에 인테리어를 잘하는 방법을 몇 가지 알려 주고자 한다. 식당을 창업할 때 가장 비중이 큰 부분이니 보다 구체적으로 기술하겠다.

첫째, 인테리어는 투시도를 그리고 하는 것이 좋다. 한 컷의 투시도를 그리는 비용이 40~50만 원으로 적은 돈은 아니지만 그 돈을 투자하면 실랑이를 하지 않아도 좋고, 마음에 들지 않아서 재공사를 하지 않아도 좋으니 확실히 이득이다. 하지만 부분 공사를 할 때는 무리하게 투시도를 챙기지 않아도 좋다. 대신 부분 공사를 할 부분이 어떤 모습으로 나올지 대체 이미지를 반드시 보여 달라고 해야 비용을 줄일 수 있다.

둘째. 금액을 먼저 제시하는 것이 좋다. 가용할 수 있는 인테리어 금액을 먼저 업체에게 제시해서 거기에 맞는 디자인과 시공 계획을 마련해 달라고 하는 것이다. 시간도 돈이므로, 만약 번복하게 되면 일하는 입장에서는 그 비용도 계산에 넣을 수밖에 없다. 그러니까 창피함을 버리고, 인테리어에 집행할 수 있는 액수를 미리 알려 주는 것이 좋다.

셋째, 비교 견적을 내 볼 것을 티내지 않도록 한다. 이것은 과거와 달리 필자의 생각이 바뀐 부분이다. 비교할 거란 언질에 기분이 좋을 사람은 없다. 믿고 맡길 테니까 성실한 견적을 부탁한다고 하는 편이 옳다. 물론 사전에 그 업체에 대한 조사는 당연히 필수다.

넷째, 어차피 줄 돈이니 계약금과 중도금을 많이 주는 것이 좋다. 세상 알 수 없는 일이니 두드리고 또 두드려 보는 것이 맞는 말이기는 하지만, 인맥이든 계약서든 충분히 믿을 수 있는 입장과 상황이라면 공사비는 잔금을 적게 남기는 것도 괜찮은 방법이다. 하지만 조심스러운 부분이기는 하다. 필자처럼 업체들을 십수 년씩 거래하지 않는 이상에는 탈이 날 수도 있으니 말이다.

마지막으로 이 부분이 가장 중요하다. 모든 부분을 다 공사하려고 하지 말고, 가장 중요하게 해야 할 부분부터 순서대로 정리하는 것이 필요하다. 그래서 순서가 뒤쪽일수록 그 부분을 포기하면 그만큼 여유가 생기고, 그 여유를 반드시 해야 할 부분에 더 투입할 수 있다. 얼굴을 골고루 다 고칠 수 있는 비용이 마련되지 않았을 때, 가장 먼저 효과를 볼 수 있는 부분을 고치는 것이 옳은 것처럼 인테리어도 포기할 곳은 포기하고 시급하게 해야 할 부분을 하는 것이 좋은 방법이고 이로운 계산법이다.

그러면 어디가 가장 중요할까? 바로 파사드다. 간판을 포함한 가게 정면을 파사드라고 말하는데, 이 부분은 사람으로 말하자면 첫인상이다. 첫인상이 좋아야 관심도 이끌어 내는 법이므로 파사드는 가장 신경 써서 공사해야 할 부분이다.

그 다음으로 중요한 부분이 벽체다. 많은 식당이 가벽을 세우는 일에 등한시한다. 홀이 넓은데도 불구하고 딱히 앉을 만한 곳이 마땅치 않은 경우를 볼 수 있는데, 그것은 기대고 의지할 수 있는 가벽이 없기 때문이다. 생각해 보라. 당신이 어떤 식당에 갔을 때 제일 먼저 찾는 곳은 창가, 벽, 그리고 맨 마지막이 중앙이다. 중앙에는 아무도 앉고 싶어 하지 않는다. 모두에게 주목받고, 모든 공간을 방어해야 하는 산만함 때문에 외면하는 것이다.

그걸 방지하기 위해 가벽을 세워야 한다. 흔히 고정 파티션이라고 한다. 벽처럼 고정되어 있지만 투광이 되어 답답하지 않고, 좌석과 좌석이 구분되어 독립된 영역을 인정해 주는 가벽은 인테리어에서 핵심이다. 그래서 이것에 대한 투자는 게을리 할 수 없는 부분이다.

가벽을 제외한 기존의 벽은 자금이 모자랄 때는 벽지 교체 정도로도 충분하다. 허전한 부분은 각종 소품이나 그림액자로 얼마든지 다르게 표현할 수 있다.

천장도 자금이 부족할 때는 손대지 않아야 할 부분이기도 하다. 천장은 꽤나 복잡한 공정이 필수적으로 이루어지므로 자금을 아낄 때 기존의 천장을 손대지 않고 시선을 잡아끄는 펜던트 교체만으로도 다른 느낌을 주기에 충분하다.

결론적으로 인테리어에서 이득을 보는 더하기의 기술은 크게 나누어 다음 4가지로 볼 수 있다.

투시도를 그린다.

+

공사 우선순위를 정해서 집중한다.

+

파사드는 무조건 바뀐 표시가 나게 한다.

+

가벽을 세워서 공간을 다양하게 연출한다.

더하기의 기술을 지키지 않고 인테리어를 하면 마이너스 인테리어가 되는 경우가 생길 수 있다. 투시도를 그리지 않아서 나중에 누구 말이 맞느냐 실랑이를 하게 되면 결국 비용을 더 투입하게 된다. 또 파사드보다 실내 곳곳을 예쁘게 시공한 것은 좋은데, 정작 바깥에서는 달라진 것을 느끼지 못해 시선 끌기에 실패했다면 그것도 마이너스다. 또한 테이블 서너 개를 더 놓기 위해서 가벽을 없애고 훤히 뚫린 홀을 만들어 시원하게 했는데, 나중에 보니 손님들이 중앙에는 앉지 않고 기피해서 항상 중앙 테이블이 비어 있는 것도 결국 큰 손해라는 것을 알게 될 것이다.

주방 설비에
시간과 공을 들여라

주방 설비는 도면을 어떻게 그리는가에 따라 성공 여부가 결정된다. 만일 도면을 그리지 않고 주먹구구식으로 배치를 한다면 뒤늦게 불편해서 배치를 바꿔야 하는 일이 생긴다. 그런데 이 배치란 것이 같은 공간에서 옮기면 다 되는 것이 아니라, 어느 하나를 이동하는 순간 모든 것의 아귀가 틀어져 버리는 것이 문제다. 왼쪽에 있는 작업대를 오른쪽으로 옮기기만 하면 되는 게 아니라, 오른쪽으로 옮길 때 1cm가 부족해서 다시 제작을 해야 하는 경우도 있다. 배치를 달리하면서 주방 후드를 재시공해야 하기도 하고, 배퇴식이 엉켜서 음식을 만들어 내는 일 자체가 큰 골치가 되기도 한다.

그래서 주방 설비는 반드시 도면을 여러 번 그리는 곳과 거래하는 것이 돈을 절약하는 방법이다. 업체에서 제안하는 냉장고나 식기세척기의 가격은 중요한 쟁점이 아니다. 그걸 비싸게 매겼다고 엄청 차이가 나는 것도 아니고, 그걸 특별히 싸게 매겼다면 반드시 다른 것에서 채운다는 것을 알아야 한다. 장사꾼이 밑지고 주던가? 왜 그래야 하나? 눈 가리고 아웅 하는 것일 뿐이다. 당신이 비교할 것 같은 큰 물건은 싸게 주고, 그보다 자잘한 것에서 부풀려서 결국 본인이 취해야 할 이득을 맞추면 당신은 그냥 호갱이 될 뿐이다.

인테리어는 어떤 부분이 마음에 들지 않는다고 장사를 못하는 게 아니다. 눈 질끈 감고 그쪽에는 시선을 가급적 주지 않으면 된다. 솔직히 인테리어 뜯어서 파는 것도 아니고, 사실 손님은 잘 모른다. 그런데 주방은 일하는 사람이 불편하면 일을 하지 않으려고 하니 문제다. 일할 사람이 없으면 주인이 해야 하고, 주인도 불편한 상태에서 일하다 보면 장사고 뭐고 다 관두고 싶어지게 된다.

그래서 주방 도면을 직접 그리는 업체인지를 확인하고 거래해야 한다. 그리고 실측을 여러 번 하는지도 중요하다. 기존 주방을 정리하기 전에 한 실측, 정리하고 난 후의 실측, 그리고 주방공사를 하고 난 후의 실측은 모두 다르다. 그런데 가격을 싸게 부르는 거래처는 이 세 번의 가장 기본적인 실측조차 하지 않고서는 물건을 만들어 놓고, 안 맞으면 배 째라는 식으로 버틴다.

오픈을 해야 장사를 할 테니 결국 울며 겨자 먹기 식으로 맞지 않는 설비를 다시 제작하는데, 그 비용은 점주가 지불해야 한다. 그러므로 싱크대, 냉장고, 작업대, 불판 가격만으로 업체를 고르면 당신이 나중에 큰 손실을 입을 수 있다는 것을 절대로 잊지 말아야 한다.

주방은 설비 가격보다 일의 효율성이 중요하다. 그러자면 여러 번 실측하는 비용, 도면을 여러 번 수정하는 비용을 지불하고라도 성실한 업체를 찾는 것이 관건이다.

성실한 사람은 고객의 등을 치지 않는다. 쉽고 편하게 일하려는 사람들이 꼼수를 부려서 등짝을 후려친다는 사실을 명심할 필요가 있다. 성실은 발품이다. 성실은 몇 번이고 도면 수정을 마다하지 않는 자세다.

음식 개발은
성공한다면 더하기다

    식당을 차리려고 할 때 사람들이 가장 궁금해하는 것이, 음식을 개발하는 것이 좋은지, 돈 주고 비법을 전수받는 것이 좋은지 여부다. 뻔한 답일수록 더 궁금하고, 쉬운 질문일수록 사실 답은 매우 복잡하다. 음식을 개발한다는 것이 쉬운 일이 아님을 알면서도 배워서 차리는 것이 부당하거나 의욕부재라고 생각하는 마음이 한구석에 자리하기 때문이다. 그래서 냉정하게 20년 컨설턴트의 경험으로 설명하겠다. 이것도 물론 전적으로 옳을 수는 없다. 정답은 하나만 있는 것이 아니기 때문이다.

    음식을 개발하려면 돈이 든다. 그 돈이 만만한 액수는 아니다. 누군가는 상당한 비중을 음식 개발에 쏟는 걸 아까워하지 않는다. 하지만 일단 남의 것을 봐야 한다. 먹어 봐야 한다. 먹으러 일부러 찾아가는 교통비와 식사 값이 만만치 않다. 서너 군데 다니는 것으로 그 소임을 다한다고 생각한다면 아무것도 아니지만, 한두 달 동안 하루 5끼로 냉면을 먹은 사람도 있고, 소금이나 된장 하나 찾아서 전국을 돌아다니는 사람도 있다. 물론 아주 드문 경우이긴 하다.

벤치마킹을 하는 비용도 비용이지만, 만들어 내는 과정에서 버려지는 재료비도 만만치 않다. 상당한 요리 실력을 갖춘 사람이 자신이 원하는 족발 맛을 만들어 내기 위해 70번이나 테스트를 하는 것도 봤다. 칼국수 1그릇을 만들기 위해서 전국에서 최고다 하는 20곳의 면을 받아서 그걸 또 서너 가지의 방식으로 끓여서 맛을 잡는 모습도 봤다. 그렇게 들어가는 비용이 적게는 수백만 원이다. 결코 전수받는 비용에 비해서 싸다고 할 수 없다. 특히나 들이는 시간을 돈으로 따진다면 전수가 훨씬 싸다. 싸고 빠르다.

그럼에도 필자조차 스스로 음식을 개발하는 것을 권장하는데 이는 단순히 비용 문제만이 아니다. 시간을 줄인다는 것이 큰 의미가 있다고도 생각지 않는다. 누구나 끓이는 칼국수를 가지고 식당으로 돈을 벌어야 한다. 그러면 그 칼국수는 도대체 어때야 할까? 이미 수십 년 칼국수 장사를 한 사람과 싸워서 엇비슷하게라도 견줄 수 있을까? 단연코 불가능하다. 배워서는 불가능하다. 거기서 거기이기 때문이다. 진짜 남들이 상상도 할 수 없는 칼국수 비법을 알려 줄 리도 만무하고, 그게 어떤 칼국수인지 경험하기 전에는 알지도 못한다.

중요한 것은 스스로 칼국수 하나를 만들기 위한 과정이 얼마나 고된가를 몸소 아는 것이다. 쉽게 배운 사람은 음식이 쉽다. 어렵다고 느끼지 않으니까 업그레이드보다는 안정에 무게를 둔다. 그러나 직접 개발하기 위해 갖은 애를 쓴 사람은 음식이 새롭게 탄생하는 데 얼마나 오랜 시간과 노력이 드는지를 직접 경험했기 때문에 음식 비틀기를 잘한다. 수십 번 연습하면서 자연스럽게 터득한 노하우로 유레카를 발견하기도 하는 것이다.

유레카를 완성하면 비용 절감이라는 빼기가 된다. 당연히 그 성공 확률은 매우 낮다. 그렇다고 실망할 이유는 없다. 이미 해 봤기 때문에 그때 가서 돈을 주고 전수로 배우더라도 습득이 더 빠르다. 자기 힘으로 음식을 노력해 본 사람은 돈을 주고 전수를 받아도 그 후가 다르다. 응용력이 생기는 것이다. 자기 힘으로 해결되지 않은 2%를 돈으로 해결했기에, 그 부분을 제외하고 응용력 면에서는 오히려 가르쳐 준 스승보다도 뛰어날 수 있다.

고기 주는 냉면. 이제는 모두가 다 아는 음식이다. 그걸 개발이라고 할 수 있나? 전에는 냉면은 냉면뿐이었다. 냉면집에 고기 자체가 있지도 않았다. 고깃집에서 후식으로 주는 냉면을 뒤집은 콘셉트로 유례없는 히트를 쳤다. 지금은 어떤 냉면집이나 고기를 주는 냉면을 겸하고 있다.

필자 역시 칼국수집에서 항상 짝꿍으로 파는 수육을 가지고 '보쌈 주는 칼국수'를 만들었다. 음식의 맛을 만든 게 아니라 개념을 만든 것이다. 물론 그것 때문에 칼국수를 개발하지는 않았지만 전개하는 과정에서 그렇게 흘러갔다.

　이 책에서 나중에 소개할 제크와 돈가스의 메뉴 개발 과정은 다음과 같았다. 담양이라는 곳에서 돈가스를 팔자고 제안하니까 점주가 눈이 동 그래지면서 물었다.

"왜요? 그게 팔릴까요?"

　그래서 필자가 대답했다.

"그러면 이미 모든 식당이 자리 잡고 경쟁하는 떡갈비나 백숙을 이제 와서 당신이 하시겠습니까? 남들은 이미 저만큼 수년, 수십 년을 앞서 가 있는 이곳에서?"

　그러자 점주가 물었다.

"그러면 어떤 돈가스여야 특이할까요? 거기서 거기 아닐까요?"

　그래서 필자가 대답했다.

"어렵게 생각하지 마세요. 개발보다는 조합이 빠릅니다. 세상에 없는 것을 만들기보다는 세상 다 아는 것을 조합하는 것으로 개발을 대신하는 것이 훨씬 빠릅니다."

"먼저 돈가스를 맨 아래에 깔고, 그 위에 샐러드를 얹는 겁니다. 그리고 그 위에 또 연어를 듬뿍 올리면 1타3피의 돈가스가 되지 않을까요?"

　필자의 이 말에 점주는 모양 잡기를 수십 차례 연습했다. 결국 돈가스는 잘라서 깔고 나머지는 필자 말대로 했는데 모양이 무너져서 그것을 무너지지 말라고 케이크 케이스를 씌우니까 보기에도 근사한 '케이크돈까스'

가 탄생했다.

게다가 덤으로 '이런 구성이라면 이것도 못할 것 없지 않을까?' 하는 마음으로 월남쌈에서 메인을 돈가스로 바꾸고 나머지는 구성 그대로일 뿐인 메뉴를 완성했다. 그것이 현재 가장 히트 메뉴인 '쌈돈까스'가 되었다.

결국엔 실패한다고 미리 단정 짓고, 시간을 줄이고 비용을 아끼기 위해 메뉴 개발을 주저하는 일은 없었으면 좋겠다. 실패해도 빼기가 아니다. 반드시 경험으로 남는 더하기다. 어떤 식으로든 앞으로의 식당 장사에 도움이 되니까 스스로 해 보자. 개발이 아니면 조합이라도 해서 만들어 낼 수 있다. 사람의 상상력은 무한하니까 말이다.

음식 전수는
대체로 더하기다

전수는 비용이 든다. 꽤나 많은 비용이 든다. 창업 컨설팅이나 메뉴 컨설팅이나 비용이 많이 든다. 창업 컨설팅을 할 때 메뉴 컨설팅은 덜 권하는데, 그 이유는 해 봐야 그 가치를 알기 때문이다. 직접 해 보지 않고 대뜸 음식을 배우게끔 만들어 주면 나중에 하는 소리가 "겨우 그거 알려 주고 그렇게나 받아요."다. 실제로 그렇다. 열이면 열 다 그런 식이다.

맞다. 겨우 그것인 게 맞다. 그런데 그것을 겨우 그것이 되게끔 알려 주기 위해서 그 사람이 노력한, 경험한 시간을 잊어서는 안 된다. 그 과정을 건너뛰고 지금 너무 쉽게 정리해 놓으니까 그런 소리를 하는 거다. 식당을 수년간 운영하며 터득한 2%가 얼마나 소중한지는 아는 사람은 안다. 그렇게 아무리 해도 생기지 않는 찰기가 없던 반죽에 ○○가루 조금만 섞으면 쫀득해진다는 것을 우연히 알게 되었을 때 허탈함도 있지만 반대로 쾌감도 느낀다. 허탈이 클수록 기쁨도 크다.

음식을 전수받으면 시간이 확 줄어든다. 쓸데없는 재료 낭비도 없다. 여러모로 도움이다. 그걸 해결하고 다른 일에 더 집중할 수 있으니 분명 음식 전수는 가능만 하다면 하는 것이 낫다. 왜냐하면 직접 개발을 할 때는 대량의 레시피가 아니라 소량으로 만들어 완성하다 보니, 그것을 대량으로 개량화하는 데 어려움이 있기 때문이다. 3그릇까지는 완벽한 맛이 나는데 수십 그릇을 만들면 전혀 다른 맛이 나는 것이 바로 그 때문이다. 그래서 경험은 무서운 것이고, 경험 값은 그래서 비쌀 수밖에 없다.

그러면 실패하지 않는 전수는 어떤 것일까?

가장 좋은 것은 내가 하고자 하는 음식을 이미 만들어 줄 세워 파는 집이다. 그런데 그 집이 돈 준다고 비법을 알려 줄 확률은 거의 없다. 그러면 그런 식으로 잘되는 브랜드의 체인점을 하면 될까? 물론 그래서 체인점을 하는 경우도 있지만, 그 맛이 그 맛인 체인점은 상향평준화보다는 하향평준화에 가깝기 때문에 필자는 권하지 않는다. 하지만 그 나름의 장점도 분명히 있으니 어떤 브랜드의 맛이 아주 뛰어나다면 가맹을 함으로써 비법을 얻는 것도 좋은 방법일 것이다.

필자는 음식 비법을 발품에서 찾으라고 말하고 싶다. 발품은 눈을 뜨게 한다. 상권 분석을 하나도 몰라도, 가게를 열심히 발이 부르트도록 찾아다닌 사람이 결국 좋은 가게를 구하는 것처럼, 경쟁자의 맛을 많이 볼수록 맛의 차이를 깨달을 수 있다.

동태탕을 즐겨 먹지 않던 사람이 동태탕집을 차리면서 서너 곳의 발품으로 할 일을 다 했다고 우쭐한다면 그 맛은 딱 거기까지일 것이다. 하지만 수십 곳을 여러 날에 걸쳐 먹어 보고 그 느낌을 나름 정리해 둔다면, 솜씨가 별로인 음식 선생에게 배워도 큰 도움이 될 것이다.

음식은 저마다의 기본기가 있다. 칼국수를 만들 때 반죽이 중요하듯이 동태탕에서는 생선의 잡내를 지우는 것이 기본기다. 얼큰한 맛을 내는 것은 본인이 해야 할 일이다. 먹어 본 경험이 많을수록 다양한 시도를 할 것이고, 먹어 본 경험치가 작을수록 거기서 거기인 맛으로 손님 앞에 설 것이다.

말 그대로 식당 경영은 지피해야 지기할 수 있는 것이다. 지피는 당연히 겪어 보는 것이다. 누가 얼마나 많이 겪어 봤는가에 따라 음식의 응용력이 커진다. 많이 보는 자가 이기듯이, 입도 많이 단련할수록 전수의 가치를 배가시킬 수 있다.

4장

개념을 잡으면
산수가 쉽다

장사는 개념 싸움이다. 어떤 개념으로 문제를 푸는가에 따라 장사는 쉽기도 하고, 한없이 어렵기도 하다. 그런데 그 개념은 시대에 따라 달라진다. 수요보다 공급이 적던 시절엔 만들면 다 팔렸다. 그래서 잘 만들어야 하는 개념보다는 많이 만들어야 한다는 개념이 위였다.

식당도 비슷하다. 먹는 데 시간보다는 돈의 가치가 우선일 때는 선택지가 많도록 이것저것을 만들어 파는 집이 이겼지만, 하나를 먹더라도 시간을 들여 찾아가는 일이 많아지는 요즘에는 다메뉴보다는 그것 하나 잘하는 온리원 식당이 경쟁력이 있다.

특히 바뀐 것이 상권이다. 과거에는 권리금을 많이 주더라도 좋은 상권에 들어가는 것이 주효했다. 물론 아직도 그것이 정답인 줄 아는 사람이 훨씬 많지만, 필자 같은 경험자들에게는 이미 그 방법은 아주 무모하고, 부질없고, 제 돈 주고 무덤 파는 일이라고까지 생각을 한다.

상권이 생물처럼 살아 움직이듯이, 장사도 생물과 같다. 장사의 공식은 변하지 않을까? 변한다. 소비자가 변하고, 소비력이 변하고, 소비 타이밍이 변하기 때문에 장사의 대처 공식도 변하는 것이 맞다. 변하지 않는 것이 있다면 이타의 마음과 온리원 하나뿐이다. 손님을 위하는 밥상과, 장인정신으로 만들어 내는 단일 음식 정도만 변하지 않고 나머지는 변한다.

식당 오픈 날 사은품을 나눠 주던 풍경도 달라졌다. 과거에는 머그잔 하나 받기 위해서 일부러 갔지만, 지금은 그렇지 않다. 타월이나 우산을 준다고 해도 가지 않는다. 필요하지 않으면 가지 않는다. 손님의 태도가 이렇게 바뀌었다. 그러니 지금부터라도 개념을 바꾸는 것이 필요하다. 그게 싫다면 과거와 싸워라. 그런데 아마 이길 순 없을 것이다. 이미 지는 패를 가지고 아무리 레이스를 외쳐도 상대가 눈 하나 껌뻑하지 않을 테니 말이다.

동네는 더 이상
주 7일 상권이 아니다

오피스가는 이미 주 5일 상권이 되어 버린 지 오래다. 그래서 비등하던 권리금과 월세 수준은 토요일까지 근무하던 시절과 비교하면 많이 낮아졌다. 이제는 주말에 더 강세를 띠는 역세권에 비하면 초라하기까지 하다. 오피스가에 비하면, 동네 상권은 주 7일 상권인 것처럼 보인다. 전혀 틀린 말은 아니다. 그러나 곰곰이 생각해 보면, 동네에서 7일을 견디는 밥집이 얼마나 될까? 주말에 동네 식당에서 외식을 한 경험이 얼마나 있는가?

물론 매주 가까운 나들이 삼아 외식을 하지는 않는다. 그런 모습이 누구나 누리는 보편적 삶이라고 볼 수는 없다. 하지만 매주를 매달로 고치면 어떤가? 한 달에 한 번 정도는 주말에 길을 나서서 칼국수 한 그릇 먹는 재미가 삶의 낙이고, 본인에게 주는 격려이자 선물이 된다. 값으로 따져도 동네에서 먹는 칼국수에 비해 비싼 것도 아니니, 기름 값과 나들이 시간만 주어지면 누구나 행할 수 있다.

돈이 부족해 역세권이나 번화가 혹은 오피스가를 선택하지 못한 창업자들이 동네로 눈길을 주는데, 동네 역시 레드오션이 된 지 오래다. 대한민국은 산골 방방곡곡 식당이 없는 곳이 없을 정도다. 동네에 있는 식당의 수를 한 번 헤아려 보면, 그 많음에 깜짝 놀랄 것이다. 식당 주인과 아는 사이가 아닌데도 어떻게 벌어먹고 살까 하며 괜한 염려와 걱정이 앞서기도 한다.

자본이 적은 창업자는 외곽으로 나가야 한다. 동네의 레드오션이 아니라, 외곽의 블루오션을 찾아내야 한다. 동네라고 월세가 싸지 않다. 필자는 경기도 주민인데, 아파트 앞 상가 한 칸(15평 정도)의 월세가 300만 원에 육박하는 것을 보고 '조물주 위에 건물주'라는 말을 실감한다. 권리금이 없거나 낮을 확률은 높지만, 동네라도 중심이 되는 자리인 경우에는 월세가 도심 못잖게 비싸다.

월세를 무서워해야 한다. 거주를 목적으로 하는 30~40평 아파트 월세가 100만 원일 경우 수입이 좋은 편이라도 무척 부담스러운 금액이다. 그런데 15평 상가의 월세가 300~400만 원이라면 무척 두려운 일인데 의외로 그것에 대해서는 겁이 없다. '가게를 차리면 어떻게 되겠지.', '그만한 월세를 낼 수 있는 자리니까 달라는 거겠지.'라고 생각한다. 15평 한 칸 공간에서 한우를 팔 것인가? 아니면 두당 가격을 받는 일식집을 차릴 것인가?

무엇을 팔아서 하루 10만 원이 넘는 월세를 감당할 것인지 스스로에게 질문해 봐야 한다.

식당은 동네 사람을 믿으면 안 된다. '동네에는 사람이 많으니까 그들이 와서 팔아 주겠지.', '설마 굶어 죽지는 않을 거야.', '월세 내는 건 어렵지 않을 거야.'라고 생각하는데, 실제로 동네 사람은 동네에서 밥을 먹는 횟수가 얼마 되지 않는다. 왜냐하면 동네에는 식당만 있는 게 아니라 동네 사람들이 사는 집이 있기 때문이다.

집도 식당이다. 집은 식당이 아니라고 생각하니까 동네가 만만해 보이는 것일 뿐이다. 밥이 있는 집도 식당이라고 생각해야 한다. 그것도 모든 음식을 척척 해내는 엄마와 아내가 있는 진짜 무서운 경쟁자다.

동네에서 7일 상권에 해당되는 건 술집이다. 집에선 밥을 먹지 술을 마시진 않는다. 동네에서 밥장사로 일주일 내내 바쁘다는 건, 그만한 내공이나 처절한 시간을 견뎌 낸 결과다. 그 열매를 내가 따낼 수 있다는 자신감은 지금이라도 버리는 것이 현명하다.

그러면 자본이 없는 창업자가 동네마저 택하지 못한다면 도대체 어디에서 식당을 차리는 것이 옳은지 궁금할 것이다. 정답은 외곽으로 나가서다. 가든 식당을 하는 것이다. 외곽 상권, 섬 같은 곳이어도 좋다. 오히려 외질수록, 경쟁자가 없을수록 좋다. 돈이 많아도 나가서 차려야 하고, 돈이 없다면 당연히, 기필코, 나가서 차려야 한다. 그렇지 않으면 실패라고 단언해도 좋다.

동네에서 살아남을 확률보다 나가서 살아남을 확률이 분명히 더 높기에 자신 있게 권하는 것이다. 물론 아무런 특징, 생각, 가치 없이 차려서도 살아남을 수 있다는 말은 아니다. 나가면 주 7일 상권을 경험하게 될 것이다. 주말은 평일보다 훨씬 더 많은 손님구경을 하게 될 것이다. 도대체 이 많은 사람이 매일 어디 있다가 쏟아져 나오는지 신기할 것이다.

섬 같은 곳에 차려도 손님이 오는 이유는 2가지다. 일단 기동력이 있다. 집은 없어도 차는 있으니까 어디든 갈 수 있다. 두 번째는 내비게이션이 문 앞까지 안내를 해 준다. 길을 헤맬 일도 없고, 물을 일은 더더욱 없다. 그냥 손에 들고 있는 핸드폰에 주소만 넣으면 거기가 어디든 모셔다 주니 불편이 없다.

어떤 손님들이 올 것인가는 걱정하지 말자. 동네 사람은 곁에 있다는 이유로 더 가지 않는다. 언제든 갈 수 있다는 생각 때문에 더 가지 않는다. 서울 사람이 남산타워 가지 않듯이 말이다. 그런 동네 사람을 믿기보다는 나들이 나선 사람들이 손님이 될 확률이 높다.

당신이 차리려는 식당이 수백 평은 아닐 것이다. 넓어야 40~50평이고, 테이블 수는 많아도 20개를 넘지 않을 것이다. 거기에 필요한 손님 수는 150명 정도다. 조금 더 욕심을 내자면 200명이다. 그 정도의 손님이 식당을 찾는다면, 비싸지 않은 월세 정도는 어렵지 않게 감당할 것이다.

동네에서 늘 보는 얼굴과 메뉴 경쟁하지 않아서 좋고, 한동네 같은 주민끼리 내 손님, 네 손님이라고 싸움하지 않아서 좋다. 늘 새로운 손님이 알아서 찾아와 주는 그 재미는 또 어떤가?

다시 말하지만 거기서 거기인 음식을, 거기서 거기인 상차림으로, 굳이 그곳에서 먹지 않아도 그만인 그런 밥상을 차려도 거기가 외곽이라면 무조건 된다는 소리는 아니다. 절대 아니다. 아무렇게나 차려도 바깥이면 된다고 하는 오해는 사절이다. 무조건 가치 있게 만든 것을 전제한 얘기다.

그런 가치를 주는 식당은 물론, 동네에 차려도 성공한다. 이겨낸다. 그러나 시간이 더 걸린다. 동네 사람 수가 많을수록 더 쉽게 자리를 잡아야 하는데 그렇지 않다는 것을 경험한 사람들은 잘 알 것이다. 주민과 손님은 엄연히 다르다는 것을 말이다.

힘들게 하루를 부대끼고 사는 사람도 많지만, 평일에 여유를 가진 아줌마들이 많다. 밥 한 끼 먹기 위해 차를 타고 1~2시간 운전하는 아줌마들도 흔하다. 실제로 아줌마들이 가든 식당을 지배한 것은 어제 오늘의 일이 아니다. 이는 아줌마를 부정적으로 바라보는 소리가 아니다.

아줌마들의 식도락에는 많은 소비가 필요치 않다. 그저 밥 한 끼의 소박한 사치를 누리고자 하는 것이다. 비싼 밥이 아니라 시간을 들여서 찾아간 식당이면 어떤 음식이든 좋다는 소박한 마음이다. 외곽에 식당을 차려 바로 그런 착한 아줌마들을 타깃으로 잡는 것이 동네 상권에서 아등바등 7일을 견디는 일보다 낫다는 말을 하는 것이다. 그래서 필자는 상권 분석에 목숨 거는 일이 불필요한 일 중에서 우선이라고 거침없이 말한다.

더 이상 식당은
상권이 능사가 아니다

필자는 지금까지 11권의 책을 썼다. 그 중 두 번째 책에서 다음과 같이 말했다. "식당은 모여 있어야 손님이 몰린다. 자신이 가려던 식당이 그날따라 기다려야 하거나, 문을 닫았을 때 다른 식당이라도 가려면 선택지가 여럿이어야 하기 때문이다." 그 내용은 필자의 여덟 번째 책까지 일관된 흐름을 보였다. 그런데 SNS가 모두에게 익숙해진 시점부터는 식당의 입지 개념이 바뀌고 말았다.

물론 아직도 대다수의 전문가는 역세권과 도심의 번성 상권을 좋아하고 그에 대해 가르친다. 틀린 말은 아니다. 장사란 사람이 저절로 모이는 곳에서 해야 실패하지 않기 때문이다. 그런 자리는 앞으로도 역세권일 것이고, 쇼핑센터나 백화점 인근일 것이다. 그곳은 언제나 사람이 많을 것이기 때문이다.

문제는 천정부지로 치솟는 임대료다. 필자가 태어난 성수동은 요샛말로 핫한 동네가 되었다. 1970년에 태어나 1998년까지 성수동 토박이로 살았던 필자에게 핫플레이스가 된 성수동은 낯설다. 더 놀라운 것은 땅값, 집값과 가게 임대료이다. 2002년에 필자가 100평의 본가를 매매할 때 땅값으로만 겨우 3억 5,000만 원을 받았는데, 현재는 40억 원을 넘는다. 그만큼 번화가, 명성이 있는 상권은 치솟는 임대료를 감당하기 어렵다.

더 이상 좋은 상권에서만 식당이 성공하는 것이 아니라는 것은 철저하게 필자 개인의 생각이다. 필자만 그런 생각을 한다고 해도 틀린 말은 아니다. 특급 상권의 권리금조차 못 되는 자본으로 식당을 창업해야 하는 사람들에게 방법을 찾아주다 보니 눈이 트인 결과다. 15평도 되지 않는 한 칸 상가의 월세가 수백만 원인 곳에 전 재산을 투자하라고 할 수 없어서 시야를 돌린 결과다.

필자도 다른 컨설턴트와 다를 바 없던 시절에는 식당 창업에 필요한 자본을 최소 1억 5,000만 원으로 봤다. 그 정도의 돈이 있어야 그래도 번화가 변방에서라도 식당을 차릴 수 있었기 때문이다. 그렇게 해도 겨우 20평 남짓한 식당이고, 목표 매출액은 하루 100만 원이 최대치였다. 번화가 변방이라는 자리에서 그 이상을 이루기에는 경쟁이 너무도 치열한 레드오션이었기 때문이다. 그래서 결코 적지 않은 1억 5,000만 원, 2억 원이라는 돈으로도 겨우 변방을 기웃거리는 상황이라면 '차라리 외곽으로 나가면 어떨까?', '아예 멀리 떨어진 곳에서 가든 식당을 하면 어떨까?'로 관점을 바꾸게 된 것이다.

　최근에 국도변에서 단층 상가들을 짓는 광경을 흔하게 볼 수 있다. 사람이 살기 위한 집이 아니라 장사를 하기 위한 집을 짓는 것이다. 대부분 집으로 사용할 것이 아니라서 철제나 빔으로 간단히 짓는다. 어차피 인테리어로 꾸며야 하기 때문에 외관은 크게 신경 쓰지 않는다. 아무래도 저렴한 땅값에 저렴한 자재와 시공법으로 지은 상가다 보니까 임대료가 싸다. 보증금 3,000만 원에 200만 원이면 30~40평 상가를 국도변에서 얼마든지 구할 수 있다.

　도심 번화가에서 이 정도 규모라면 최소 3~4배의 월세를 주어야 할 것이다. 게다가 더 무서운 권리금도 있다. 가진 돈이 1억 원뿐인데 권리금으로만 1억 원 이상을 부르는 도심의 가게를 목격하고, 초라한 기분을 느꼈던 경험이 있을 것이다. 그것도 아주 숱하게 말이다.

　하지만 국도변 신축 상가에는 권리금이 없다. 장사를 하다가 접은 상태로 나가니 권리금이 없기도 하고, 장사를 하더라도 무권리로 보증금만 가져갈 테니 계약해 달라고 하는 식당도 흔하다. 그만큼 장사를 잘하지 못해서다. 도심처럼 장사를 하다가 큰 코를 다친 가든 식당이 의외로 널렸다.

　간단히 사례를 들어 보자. 필자가 사는 남양주 동네도 중심 상권이 있고 상가가 있다. 15평 기준으로 1층 임대료가 300~350만 원이다. 빌딩 출

입구 바로 옆 약국 자리는 무려 750만 원이다. 외부 사람이 들어올 리 만무한 곳인데, 권리금은 차치하고 동네 사람만 보고서 15평에서 식당으로 얼마를 팔아야 월세 300만 원을 낼 수 있다는 말인가? 그런데도 계속 가게가 들어온다. 김밥집도 들어와서 손들고 나갔고, 그 자리를 만두집이 이어받고, 그걸 또 순댓국집이 이어받아서 모두 실패를 했다. 지금도 비어 있는 자리가 곳곳이지만, 월세는 요지부동이다. 멋모르고 들어오는 사람을 기다리는 거미 같다는 생각이 들 정도다.

필자의 동네에서 차로 25분 거리에 양수리가 있다. 이곳에 한옥집이 있는데 규모는 무려 80평이다. 게다가 주차장은 두 면으로 아주 넉넉하다. 한정식을 하다가 비게 된 가게였는데, 이미 임차인이 짐을 뺀 관계로 권리금은 없었고, 5,000만 원에 월 350만 원이 임차 조건이었다. 한옥이라는 특성상 크게 손댈 것이 없어서, 간판과 주방 설비 세팅 그리고 냉난방과 그릇 등에만 5,000만 원이 들었다.

보증금 5,000만 원을 포함해도 초기 투자금액은 1억 원, 보증금은 나중에 찾는 돈이라고 생각하고 빼면 5,000만 원으로 80평 한옥 식당을 국도변에 차릴 수 있는 것이다. 월세는 필자 동네의 15평과 비슷한 금액을 주고서 말이다. 그 양수리 한옥집의 월 매출은 현재 1억 원을 넘는다. 필자 동네의 15평 식당의 매출은 과연 얼마나 될까? 15평에서 온종일 장사하는 것도 아니고, 주말이면 다들 외지로 나가서 동네가 비어 있는데 거기서 얼마를 팔고 있을까?

양수리 한옥집이 선택한 업종은 아구찜이다. 이유는 따로 없다. 일산에서 아구찜을 수년째 해 왔기 때문에 잘하는 음식을 그저 선택했을 뿐이다. 대신 일산과는 많은 부분을 다르게 했다. 먼저 아구찜 가격을 올렸다. 일산에서 팔던 소자 3만 원을 양수리에서는 4만 5,000원으로 올렸다. 그리고 그만큼 확실하게 양을 더 줬다. 콩나물로 양을 늘린 것이 아니라 아구로 더 줬다.

아구찜으로 1억 원을 올린 남다른 전략은 없다. 아주 당연한 전략만이 있었을 뿐이다. 점심 특선을 팔지 않았다. 점심에도 소자 아구찜 4만 5,000원짜리를 팔았다. 점심에 보다 많이 팔기 위해서 대부분의 식당은 점심 특선으로 7,000~8,000원짜리를 만들어 파는데, 저녁 테이블 단가가 평균 7만 원이라고 할 때, 점심에는 겨우 2만 원 정도다. 이걸 2.5회전을 돌려야 하는데, 식당의 입지가 점심에 반짝하는 오피스 상권이라면 몰라도 차 타고 찾아가서 먹는 가든 상권에서 굳이 점심 반짝을 위해 특선 따위를 만들 이유가 없다.

단일 메뉴 하나만 파는 온리원 식당에는 점심과 저녁의 구분이 없다. 하루 종일이다. 그래서 점심도 테이블 단가가 5만 원이 넘고, 결국 정신없이 바쁘지 않고서도 상당한 매출을 올릴 수 있는 것이다. 하지만 동네에서 점심 4만 5,000원은 적용하기 꽤나 어려운 가격대일 것이다.

바로 그런 차이다. 동네 상권이 안전하고 단단해 보여도 결국은 싸구려 장사로 버텨 내야 한다는 사실을 알아야 한다. 그런데 겨우 그 값을 팔고 점심에 바쁘자고, 월세는 엄청나게 부담해야 하는 것이다. 권리금으로 상당한 금액을 주고서 말이다.

식당을 찾는 소비자의 특성은 다음과 같다.

- 더 이상 주말 외식을 동네에서 하지 않는다.

- 주 5일제가 삶의 문화를 바꿔 놓았다.

- 길 찾는 것은 이제 아무런 걸림돌이 없다.

- 뻔한 외식이 아니라, 찾는 외식이 습관화되었다.

- 내가 간 곳이 숨겨진 곳일수록 자랑스럽다.

- 경험을 자랑하는 일이 일상이 되었다.

외곽 지역에서 식당을 창업하면 다음과 같은 장점이 있다.

- 권리금과 월세 부담이 없다.

- 모여 있지 않아서 메뉴 눈치, 메뉴 싸움을 할 까닭이 없다.

- 정해진 손님을 갈라 먹는 환경이 아니다.

- 소문으로 찾는 사람만으로도 장사가 유지된다.

- 비교 대상이 옆에 없어서 나 혼자 능력을 발휘할 수 있다.

- 내가 잘한다고 옆에서 바로 따라 하지 않는다.

무엇을 파는 것보다
어떻게 팔아야 할까가 중요하다

여전히 창업자들은 아이템에 갈구한다. 독특한 아이템일수록 성공에 가깝다고 착각하는 것이다. 물론 아주 독특한 메뉴라면 당연히 사람들 사이에 회자될 확률이 높고, 그것을 구경삼아 오려는 손님들로 문전성시를 이룰 것이다. 따라서 그 방향은 잘못된 게 아니다. 옳다.

문제는 그 독특한 아이템을 무슨 수로, 무슨 재주로 만들어 낼 수 있는가의 문제다. 전문 요리사도 아닌데 무슨 재주로 기발한 음식을 만들어 낼 수 있을까? 그것을 찾는 과정과 노력이 정말 옳은 일인지 필자는 묻고 싶다. 서울 소재 대학도 가기 힘든 성적의 학생이 미국 아이비리그를 목표로 하는 것과 비교한다면 지나친 오만일까?

필자가 만든 식당의 메뉴는 한결같이 대중적이다. 칼국수, 부대찌개, 돈가스, 우동, 짬뽕, 동태탕, 고깃집이다. 최근 5년간 특이한 음식으로 식당을 창업한 적이 단 한 차례도 없다. 지금은 동네 중국집보다 흔하게 퍼진 초밥집을 6년 전에 본격적으로 만든 것이 가장 특이하다면 특이한 것이다.

여름철에 준비하는 식당의 메뉴들도 우동집과 감자탕, 스테이크집이다. 그런데 필자가 만드는 식당은 승률이 높다. 바로 어떻게 팔아야 할까에 대한 질문을 풀어 가기 때문이다. 식당 주인 위주로 경영하는 메뉴와 손님 위주로 경영하는 메뉴가 있다면 손님들은 어디를 더 즐겨 찾을 것인가?

이를테면 이런 것이다.

- 김치찌개, 부대찌개를 주문할 때 4명이 4인분을 시키는 것이 자연스러울까?
- 동태탕을 주문할 때 3인이 2인분만 시켜서 먹고 싶은 적은 없을까?
- 냉면을 먹고서 왕만두 딱 1개만 먹고 싶은 적은 없을까?
- 라면을 먹고서 공깃밥 딱 반 공기만 먹고 싶었던 적은 없을까?

바로 다음 설명이 어떻게 팔아야 할까에 대한 이미 공개된 정답들이다.

보쌈을 먹을 때 고기보다 김치로 먹는 사람이 더 많고, 감자탕을 먹을 때 국내산이 아니어도 뼈에 살이 많은 것을 더 선호한다는 점을 알아야 한다. 이걸 알아야만 어떻게 팔 것인가에 대한 정답을 찾아낼 수 있다. 칼국수를 먹을 때는 겉절이가, 설렁탕을 먹을 때는 깍두기가 그 맛을 좌우

한다는 점을 알고 식당을 차려야 하는데, 생각보다 이것을 반대로 접근해서 어려움을 자초하는 경우를 흔하게 본다. 그러니 평범한 것을 어렵게 풀고, 되도 않을 어려움을 해결하겠다고 시간을 허비하는 것이다.

손님으로서 생각하는 습관은 그래서 중요하다. 식당에 갔을 때 어린아이도 1인 1식을 요구한다면 손님의 기분이 어떨까? 본인이 손님일 때는 나쁘고 식당 주인일 때는 당연한 요구라고 생각한다면 그야말로 내로남불이다. 1인 1식을 고집하지 말아야 한다. 적게 주문하면 적게 먹겠다는 뜻이다. 본인들의 결정을 식당이 이래라 저래라 할 권리는 없다. 물론 바쁜 점심시간에 2명에서 4인 테이블을 차지하고서 딸랑 1인분 시키는 것까지 배려하라는 말은 아니다. 장사하는 일이 죄 짓고 귀양 사는 일도 아니거늘, 상식을 벗어난 행동에는 강하게 제재를 하는 것이 맞다.

5명에서 한 테이블을 쓴다면 앉지 못하게 할 까닭이 없다. 5명에서 반찬 두 벌에 3인분을 먹는다고 인상 찌푸릴 것은 아니다. 원래 3인분에도 반찬은 두 벌이 맞다. 그렇게 주는 집이 옳은 집이다. 그렇다면 5명이 3인분 시켜서 반찬 두 벌 먹는 것을 고까워할 이유가 없다. 안 먹는 그 2명 때문에 남 보기에는 "얼마나 맛있으면 5명에서 한 상에 앉아서 먹을까?"로 풀이될 수도 있는 일이니까 말이다.

3명이 1인분은 반칙이다. 그러나 4명이 2인분은 눈감아도 그만이다. 테이블을 하나만 쓴다면 5명이 3인분도 눈감아도 큰일 나지 않는다. 그래도 속이 상한다면, 주문하지 않는 2명은 투명인간이라고 생각해라. 어차피 4

인 테이블에 2명이 앉아도 그만이다. 2명은 2인석에만 앉으라고 했다가는 오던 손님도 오지 않는다. 정히 그게 못마땅하다면, 모든 좌석을 2인석으로 꾸미면 된다. 그래서 4명은 2인석을 2개 붙이도록 하면 된다. 하지만 그만큼 공간은 더 줄어들 것은 감안해야 한다. 4인 테이블의 가로 길이는 1,200mm가 최대치지만, 2인석 2개를 붙여 4명이 앉으면 최소 1,400mm는 써야 하기 때문이다. 2인석의 가로 폭은 600mm이거나 700mm이다.

 고기는 왜 3명이서 첫 주문을 2인분만 하고, 식당도 자연스럽게 받아들이는지 생각해 보자. 과거부터 고깃집 주문은 그리 받아도 용납되었을까? 아닐 것이다. 고깃집도 오래전에는 머리수대로 주문을 받았을 텐데, 손님이 결국 이겨 낸 것일 것이다. 고기 양에 대한 불신도 이유가 되었을 테고, 적게 먹어야 추가가 자연스럽다는 경험에서 거꾸로 식당이 제안했을지도 모를 일이다.
 그 사정이야 어쨌든 간에 고깃집은 첫 주문을 머리수대로 하지 않아도 당당한 유일한 곳이라는 점을 기억하고, 그걸 내 식당에 당장 적용해 보자. 칼국수도 가능하다. 3명이 오면 "한 그릇에 크게 담아 드릴 테니까 2인분만 주문하세요. 많이 드셔야 배만 나와요." 이렇게 먼저 눙치고 말을 거는 거다. 그러면 손님은 그 집 칼국수에 대해서 무방비 상태가 된다. 내 주머니 사정을 먼저 염려하는 식당을 발견하는 일이 쉽지 않기 때문에 호의적이 된다. 그 호의는 음식을 맛나게 만들고, 식당을 기억하게 만들고, 재방문하게 만든다.

- 칼국수를 맛있게, 정말 맛있게 만들어 내는 과정이 쉬울까? 1인분을 덜 주문 받아서 손님을 기쁘게 하는 일이 쉬울까?
- 라면을 먹은 손님에게 기어이 공깃밥 한 공기에 1,000원을 받는 것이 옳을까? 반 공기 500원이 손님을 기쁘게 하는 일일까?
- 부대찌개를 먹는 손님에게 라면사리를 기어이 1,000원에 파는 식당과 라면사리 원가를 포기하고 손님에게 그냥 내주는 식당 중 어디가 더 번성할까?

필자가 만든 식당에서 가장 금기시하는 문구가 '1인 1식'이다. 우리 식당에는 그것이 없다. 그 원칙을 버리니까 손님이 좋아하고, 재방문을 한다. 결국 장사는 볼륨 싸움이기 때문에 식당이 이긴 것이다. 거듭 말하지만, 새로운 것을 팔려고 하기보다는 기존의 것을 다른 방식으로 파는 연구를 해 보자. 그게 쉽다. 그러면 깊고 남다른 답을 찾을 수 있다.

바닷가에서 죽을 파는 식당

_ 기장끝집

　필자는 외부에 전화번호를 노출하지 않는다. 강의를 가서도 명함을 잘 주지 않고, 명함에 전화번호를 넣지 않을 때도 있다. 게다가 홈페이지에도 크게 노출하지 않아 전화번호를 찾아야 한다. 일부러 그렇게 했다. 덜컥 전화를 걸어서 자초지종을 밝히기보다, 상대를 잘 파악하고서 진짜로 필요한 인연이라면 연락하라는 뜻에서다.

기장에서 한 통의 전화가 왔다. 의뢰인은 그곳에서 횟집이 아니라 해산물 요리집을 한다고 했다. 의아했다. 왜 바닷가 식당에서 회가 아닌 해산물을 파는지 궁금하기도 했다. 그 궁금증은 나중에 풀렸다. 회 뜨는 기술이 없고, 회 기술자를 쓰자니 직원을 상전으로 모시고 살아야 해서 그냥 썰어서 담으면 되는 해산물을 팔게 되었다고 했다.

경험이 선생이다. 20년쯤 한길을 파다 보니 메뉴판 하나만 봐도 어디를 손대면 잘될 수 있을지가 보인다. 기장끝집의 메뉴판을 보는 순간, 속으로 참 쉽다는 생각이 들었다. 그 쉬운 풀이를 확실히 하기 위해선 식당이 정확히 어떤 위치에 있는지, 어떤 분위기를 가졌는지, 주인은 어떤 용모인지만 확인하면 될 일이었다.

어떤 이는 식당의 문제점을 보완하려면 상권 분석을 해야 한다고 하는데 필자는 주변 식당들에는 관심을 두지 않는다. 그냥 그 식당 자체에서 답을 찾아내는 것이 맞다는 생각이기 때문이다. 지피지기면 백전백승이 맞지만, 대부분의 식당은 지피까지도 필요치 않다. 지기만 잘해도 된다.

지피를 하게 되면 주저해야 할 일이 많아진다. 이를테면 경쟁업소가 아주 큰 규모라든지, 노포라든지, 랜드마크의 유명세를 갖춘 곳이라든지 하면 붙어 본들 이길 확률이 없으니 무슨 시도도 마땅치 않아서 미리 포기하게 된다. 지피에 매달려 정작 지기를 제대로 하지 못하는 실수를 범해서는 안 된다.

그래서 필자는 새로운 식당을 오픈할 때도 주변 상권이나 경쟁점의 상황은 별로 살펴보지 않는다. 나 하나 똑바로 잘하면 분명히 손님을 사로잡을 수 있다는 경험치가 어정쩡한 컨설턴트들과는 큰 차이가 있어서다.

예를 들면 이런 것이다. 바닷가에서 이기는 식당이 되려면 반대로 가면 된다. 남들이 모두 회를 팔 때 고기를 팔면 어떨까? 굳이 경쟁자를 파악할 필요가 있을까? 당연히 없다. 남들과 전혀 반대의 음식을 팔 거라서 경쟁자에 대한 염려나 걱정은 기우에 불과하다.

만일 경쟁자를 분석해서 틈새를 찾아서 기발한 횟집을 만든다고 치자. 그렇게 제안하는 컨설턴트가 있다고 치자. 거길 따르는 게 마음 편할까? 그게 잘된다고, 잘 먹혔다고 치자. 그러면 기존의 수많은 횟집이 가만있을까? 바보가 아닌 이상 바로 따라 할 테고, 따라 하는 순간 자본 싸움이 일어난다. 누가 더 베팅을 하는가에 따라서 내 전략은 원조임에도 카피쟁이로 전락할 수 있다.

기장끝집은 바다가 잘 보이는 야트막한 언덕에 있었다. 다른 바닷가 식당들이 정박된 작은 배와 리어카, 그물 넣어 놓은 것을 보는 위치라면, 기장끝집은 바다가 한눈에 보이는 기가 막힌 자리에 위치했다. 거기에 여주인이 단아한 개량한복을 입고 있었는데, 운치가 있어서 가정집을 개조한 주택상가와 제법 어울렸다. 현대적인 식당도 아니고, 그렇다고 남루한 고

옥도 아닌 것이 이웃집 마실 온 듯한 느낌의 식당이었다. 굳이 회를 팔지 않아도 좋은 조건을 가지고 있었다. 회를 팔지 않고 해산물을 선택한 것은 그다지 잘못된 선택이 아니었다.

하지만 해산물 요리는 푸짐한 횟집에서 내주는 스키다시보다 약간 나은 수준이었다. 비싼 횟집에서 오히려 더 나은 구성이 나올 수도 있는 상차림이었다. 횟집에서 스키다시는 회 값에 포함된 공짜 음식이다. 그걸 따로 돈 내고 먹는다는 것은 그만한 가치를 필요로 하는데, 해산물 요리는 횟집의 해산물모둠과 비교할 때 가성비가 바닥이었다. 그걸 가지고 3개월이나 장사를 했다는 것이 용할 정도였다.

게다가 해산물은 식사가 아니다. 술안주다. 술안주로 먹는 음식을 팔아서, 그것도 다른 곳에선 스키다시로 내주는 모둠해물로 자리를 잡는다는 것은 애초부터 어불성설이었다. 그래서 무엇을 어떻게 할 것인가는 원가만 눈으로 확인하면 될 일이었다.

이미 필자의 마음속에는 다른 메뉴는 다 집어치우고 한 가지로 정리되어 있었는데, 해산물 상차림을 보는 순간 확신이 들었다. 기장끝집에는 메뉴가 해산물모둠 4만 원, 전복죽 1만 원(곱빼기 2만 원), 대구뽈찜 3만 원이었다. 대구뽈찜도 바닷가에서 의외의 메뉴일 수 있지만 셋 중에 식사로 접근하기엔 단연 전복죽이 유리했다.

식당이 손님을 모으는 방법 중에 식사와 술안주가 있다면 어느 것이 도움이 될까? 술안주가 맛있는 것은 술꾼, 즉 주로 남자에게 해당하는 내용이다. 그런데 바닷가를 남자들이 갈까? 그것도 대낮에 갈까? 대낮에 바닷가 식당을 이용하는 사람들은 당연히 여자들이고, 여자들에게는 술안주보다 근사한 식사가 제격이다. 해산물은 술안주라 탈락이고, 대구뽈찜은 식사와 병행할 수 있지만, 색다른 특징을 잡아내기엔 전복죽보다 못했다.

그래서 점주를 설득하기 위한 산수를 제시했다. 어떤 게 이로운 산수인지 설명했고, 그것이 주효해서 기장끝집은 바닷가 죽집이라는 공식을 차곡차곡 쌓아 가고 있다.

보통 죽집에서는 전복죽 1만 원에 반찬은 4가지를 준다. 그저 그런 반찬이다. 꼭 필요해서 먹는 반찬이 아니다. 더구나 죽은 반찬이 필요한 음식이 아니다. 하지만 죽의 개념을 깨는 데 반찬만한 것도 없다. 한정식도 아닌데 반찬을 깔고 먹는 죽이 있다면 사람들은 어떤 반응을 보일까? 굉장하지 않을까?

그러면 반찬을 깔아 주면 된다. 무엇을 어떻게? 바로 현재의 해산물모둠을 반찬으로 바꾸면 간단히 해결되는 일이었다. 4만 원짜리 해산물모둠에 들어가는 원가는 대략 1만 5,000원이었다. 아무래도 생물이 많은 탓이었다. 그러나 그건 해산물모둠이라는 단독 상품일 때의 이야기다. 그것이 만일 반찬으로 바뀐다면 모든 게 생물일 필요는 없다. 1만 원 정도라면 얼마든지 전복죽 반찬으로 푸짐하게 만들 수 있다는 뜻이다.

바닷가
죽집에서

죽은 마음으로 드시고

찬은 정성으로 드세요

기장끝집

오직! 전복죽
Jeonbokjuk
Abalone and rice porridge

₩15,000(1인)

전복죽 하나만 만들어 팝니다.

대신, 진짓상처럼 푸짐스럽게 준비했습니다.
어릿날에, 한분은 청국장 비빔밥 선택도 가능합니다.
집에서 어머니가 만든 진짜 청국장이라 소량만 팝니다.

참! 정인원에서 1인분 빼고 주문하세요
(많이 드릴께요^^)
전복죽 포장 2인분 20,000
(반찬은 없습니다. 오직 죽만)

청국장 비빔밥
₩15,000

기장끝집

기장 바닷가에 유일한 온리원 식당은

전복죽
Jeonbokjuk
Abalone and rice porridge

하나를 만들어 팝니다.

기장끝집

전복죽 1만 원에 반찬 4가지인 식당과 전복죽 1만 5,000원에 생물이 포함된 해산물모둠이 반찬으로 나오는 식당이 있다면 어디를 가겠는가? 가격을 올리면 손님이 사 먹지 않는다? 기장이 어디인지 생각해 보자. 부산 사람들에게 기장은 서울사람보다는 동네 같은 가까운 곳이지만, 해운대에서도 30분은 달려가야 한다. 시간을 내어 가는 곳이라는 뜻이다.

시간 들이고 기름 값까지 내면서 딸랑 반찬 4가지인 1만 원짜리 전복죽을 먹을까? 물론 그런 손님도 있을 것이다. 그러면 그런 손님은 포기하면 된다. 굳이 잡으려고 노력하지 않아도 그만이다. 하지만 1인분에 1만 5,000원일 때 점주의 산수가 중요하다.

점주는 여전히 1만 원 전복죽을 판다고 믿어야 한다. 5,000원은 내 것이 아니다. 손님을 위한 반찬을 잘 만들기 위해서 올린 가격이다. 혼자서 오는 손님에게 파는 음식이 아니니까, 최소 2명이 온다면 전복죽 값 2만 원은 확보된 것이고, 1만 원은 온전히 해산물모둠 반찬으로 투입하면 된다. 그러면 손님은 결국 제돈 주고 먹는 1만 5,000원이다. 그런데 1만 5,000원에서 반찬으로만 5,000원을 쓰는 식당은 대한민국에 존재하지 않기 때문에 굉장히 다르게 느끼게 된다. 1만 원짜리를 먹을 걸 하는 후회 따위는 절대로 하지 않는다.

팔리기 위해서 전복죽 가격을 1만 원에 유지하고 틀을 짠다면 무슨 노력을 해도 거기서 거기다. 잘 주려면 점주가 이득을 양보해야 한다. 점주가

이윤을 덜 남기면 그만큼 손님에게 더 줄 수 있지만 가격이 낮은 상태에서는 제대로 잘 주는 것이 한계가 있다. 하지만 필자의 산수처럼 없던 반찬을 위해서 없던 가격을 덧붙이면 점주는 하나도 손해 보는 것이 없다. 반찬을 끝내주게 잘 주기 위해서 5,000원을 올렸으니 손해는 남의 이야기다. 점주의 손해는 없는데 손님은 기절한다. 이렇게 주고도 남느냐고 한다.

메뉴를 선택한 필자의 노하우는 여기서 중요한 핵심이 아니다. 1만 원짜리 전복죽 가격을 1만 5,000원으로 올렸다는 계산법이 중요하다. 이런 식으로 가격을 올리면 식당의 경쟁력이 올라간다.

무엇을 팔든
오직 하나에 집중하라

질문부터 던져 보자.

- 김치찌개 잘하는 집을 아는가?

- 돈가스 잘하는 집을 아는가?

- 뼈해장국을 아주 제대로 하는 집을 아는가?

- 등갈비찜을 아주 잘하는 집을 아는가?

추가로 물어보자.

- 동네에서 그런 집은 어디인가?

대한민국에 김치찌개 잘하는 곳은 숱하다. 짬뽕 잘하는 집도 숱하게 많다. 그런데 문제는 내가 사는 동네에는 없다는 점이다. 그래서 늘 어딜 가나 한결같이 "우리 동네에는 먹을 만한 곳이 없다."는 말을 한다. 이미 그 동네에는 수십, 수백 개의 식당이 있는데 말이다. 그러면 도대체 그 식당들은 어떻게 장사를 해서 먹고 살까?

맛집은 없다. 맛있게 먹었을 뿐이다. 맛있게 먹었다고 인정하고 싶을 뿐이다. 그 말에 대해서 토를 다는 것은 부질없는 일이다. 필자의 말이 틀렸다면, 맛있게 만들어서 성공하면 된다. 그런데 냉정하게 생각해 보자. 자신이 만드는 음식이 매일매일 같은 맛일까? 늘 오는 손님이 기분에 따라 동일한 음식을 가지고 타박하는 일은 없었는가? 그럼에도 맛은 언제나 같고, 옳다고 우긴다면 그렇게 장사하면 된다. 맛은 맛으로 내내 싸워야 할 테니 그걸 감당할 자신이 있다면 그렇게 하면 된다.

당신이 태어나면서부터 요리사도 아니었고, 체계적으로 십수 년을 음식을 연구해 온 사람도 아니면서, 식당을 맛있는 음식으로 채운다는 자체가 필자에게는 가당치 않은 소리다. 그리고 필자 역시 음식에는 아무런 조예가 없기에 뭔가를 가르쳐 줄 지식도 없다. 그런데 필자가 만든 식당은 승률이 높다. 음식도 모르는 자의 조언으로 만들어진 식당이 성공하는 까닭은 뭘까?

쉽다. 한 가지만 팔기 때문이다. 하다못해 짬뽕집을 만들면 진짜로 짜장면은 팔지 않는다. 짜장면은 팔지 않는 짬뽕집을 만드니 성공한다. 사람들이 신기해하고 궁금해한다. 진짜로 짜장면은 팔지 않느냐고 물어물어 찾아온다. 거기에 화룡점정으로 짜장면은 배달해서 시켜 먹으라고 전화번호를 메뉴판에 적어 둔다. 손님들은 그걸 보고 놀라면서 웃는다. 그렇게 식당을 머리에 꼭 담아서 집으로 간다. 결국 그것은 어떤 식으로든 퍼지고 알려져서 소문이 꼬리를 잇는다. 그러면 된 것이다. 궁금해할 만한 수준이 되었다면 절반은 성공한 것이다.

생각해 보자. 한동네에서 수년을 장사해도 어느 날 황당한 소리를 듣게 된다. "언제 이 식당이 생긴 건가요? 제가 여기 5년 살았는데 오늘에서야 보네요." 당연하다. 주민들은 어디에 뭐가 생겼는지 궁금하지 않다. 그리고 자신이 다니는 길 외에는 일부러 동네 탐방을 하려고도 하지 않는다. 따라서 동네 뒷길에 있는 내 식당을 모르는 것은 새삼스러운 일이 아니다.

메뉴를 다양하게 만들어서 여러 사람에게 팔려고 한 노력은 겨우 입에 풀칠만 하게 한다. 계절마다 날씨에 맞는 메뉴를 만들어 여름에는 냉면을, 겨울에는 옹심이를 만들어 팔아서 연명은 할 수 있을지 몰라도, 주민들은 하나도 기억하지 않는다. 아니 못한다는 표현이 더 정확하다. 그것 말고도 알아야 할 것이 많은데, 일일이 이 집이 여름에는 뭘 팔고, 가을·겨울에는 뭘 파는지를 머리에 넣어 둘 여력이 없기 때문이다.

이걸 파고드는 아주 쉬운 방법은 오직 한 가지를 파는 것이다. 1년 내내 팥죽을 파는 집, 1년 내내 뜨거운 동태탕만을 파는 집, 1년 내내 된장찌개 하나만을 파는 집이라면 동네 사람은 당연히 알고, 인근까지도 그 명성이 자리 잡는다.

"우리 동네에서 김치찌개 잘하는 집은 모르지만, 김치찌개 딱 하나만 하는 집은 있어." 정도면 된다. 돈가스로 맛을 평정하지는 않았지만 사람들이 "오직 돈가스 하나만 파는 집은 여기뿐이다."라고 인정해 주면 된다. 거기서부터 출발이다.

예전에 필자가 샤부샤부집을 컨설팅했을 때 메뉴로 점심에는 특선 샤부샤부, 저녁에는 다양한 샤부샤부, 저녁에는 술안주용으로 샤부샤부와 무관한 메뉴까지 넣었다. 그렇게 주방이 해야 할 일 따위는 무시하고 메뉴를 만들었고, 그 식당이 시간이 지나면서 얻게 될 인지도에 대해서는 눈곱만큼도 생각지 않고 구색 맞추기 식으로 메뉴를 짜 주었다. 결국 그 식당은 어느 날 생긴 '그것 하나 잘하는 집'에 무너지고 말았다. 지금 생각하면 부끄럽고 미안하다. 그걸 컨설팅이라고 해 주었으니 말이다.

지금 필자가 만드는 샤부샤부집에는 딱 2가지 메뉴만 있다. 식사로 먹는 샤부샤부와 회식으로 먹는 샤부샤부로 가격 구분만 두었을 뿐, 일절 다른 메뉴는 취급하지 않고 점심 특선 따위도 없다. 그렇게 메뉴가 단출함에도 샤부샤부집의 월 매출은 테이블 15개 식당에서는 7,000~8,000만 원을, 테이블 20개 식당에서는 1억 원을 넘나들고 있다.

식당을 시작하면 계약 기간만큼은 버텨야 한다. 적게는 2년, 길게는 5년이다. 그런데 그 시간은 다메뉴로 팔든, 온리원으로 팔든 마찬가지로 흐른다. 문제는 이것저것으로 팔 때는 초창기는 먹고 살 만한데 시간이 지날수록 손님들에게 잊혀 매출이 떨어진다는 것이다. '이것 잘하는 집'이라는 등식이 자리 잡지 못해서 자연스럽게 도태되고, 새로운 경쟁자가 나타나면 비록 그곳의 메뉴가 똑같이 이것저것이라고 해도 초기에는 손님을 빼앗기게 된다.

처음부터 어느 하나를 시작하고 그것만 한다면, 그것이 알려지기 전까지는 매출도 힘들고, 수익도 버겁지만 그 고비를 넘으면 매출은 기대 이상이 된다. 멀리서도 소문을 듣고 찾아오는 손님들이 생기면서 매출이 상상을 뛰어넘기도 한다. 짜장면은 팔지 않는 짬뽕집은 오픈 2개월 만에 방송에서 취재해 갔고, 오직 돈가스 하나만으로 낮 3시까지 영업하는 식당은 3주 만에 방송국에서 촬영 요청이 왔다.

물론 온리원 하나만을 한다고 소문이 난다고 해서 끝까지 성공한다는 보장은 없다. 그 한 가지 메뉴를 어떻게 팔 것인가가 중요하다. 어떻게 팔 것인가를 고민할 때 딱 하나인 메뉴를 파는 것과, 여러 가지 메뉴를 파는 것은 분명히 다르다. 한 가지 음식을 한다고 해서 음식 맛이 없어도 좋다는 뜻도 아니다. 칼국수 하나만 파는데 겉절이가 맛이 없다면 문을 닫을 것이고, 라면 하나만 파는데 그 라면이 정말 돈 주고는 못 먹을 정도로 형편없다면 당연히 망할 것이다.

다시 원점에서 생각해 보자.

'당신이 김치찌개 하나를 정말 맛있게 만들 수 있는가?'

VS

'맛은 평균치지만 오직 김치찌개 하나만 팔 강단이 있는가?'

값을 더 받아야
제대로 줄 수 있다

많은 식당이 할인을 하면 더 팔린다고 생각한다. 물론 단순하게 생각할 때 틀린 말은 아니다. 하지만 매번 가격으로 승부하면 원래 존재하던 가격대가 의미가 있을까? 어쩌다 한두 번도 아니고 내내 가격 할인이라면, 원래 정해 둔 가격은 꼼수고 기만 아닐까?

할인을 해서 재미를 보는 식당은 그 맛에 빠져 버린다. 그래서 정작 가치는 뒷전이고, 싸게 주고도 남길 수 있는 묘안을 찾기 위해 혈안이 될 수밖에 없다. 실력이 느는 게 아니라 요령이 는다. 자부심이 생기는 것이 아니라 눈 가리고 아웅 하는 기술이 쌓인다.

어쩌다 모르고, 혹은 설마 하는 마음으로 시킨 중국집의 요일별 짬뽕을 예로 들겠다. 평일에는 6,000원인 짬뽕이 특정한 날에는 고작 3,500원이다. 그런데 배달 온 짬뽕을 보면 여지없이 실망을 하게 된다. 짬뽕이라는 이름을 달았을 뿐 내용물은 거의 없는 그냥 뜨겁고 빨간 국수였다. 여기서 생각을 해 보자. 만일 이렇게 짬뽕을 먹은 사람은 원래 6,000원짜리 짬뽕에 대해서 무슨 생각을 할까?

- 설마 이것보다야 제대로 주겠지.
- 뭐 별나겠어? 그거나 이거나 마찬가지겠지.

둘 중 어느 하나라고 쳐도, 이미 그 집 짬뽕에 대한 상품성은 무시된 후다. 필자처럼 요일별 할인 음식을 아예 시키지 않는 사람이라면 몰라도 그것 때문에 원래 음식의 가치가 상처를 받게 된다. 상처가 그 음식 하나로 끝나면 모르는데, 그 식당 전체로 번진다면 아주 큰일이다. 그래서 점점 주문을 하지 않게 되고, 그것을 돌파하고자 요일별 메뉴가 아니라 전 메뉴 상시 가격 할인이라는 카드를 꺼내게 되고, 결국 문을 닫는 중국집을 가끔 보곤 한다.

싸구려를 찾는 손님은 처음부터 버려야 한다. 그런 손님은 늘 싸구려만 찾아다닌다. 마치 쿠팡이나 티몬에서 할인 쿠폰 식당을 찾아 섭렵하는 사람들처럼 재방문과는 거리가 먼 사람들이다. 그들은 도장 깨기 하듯이 싸게 할인하는 곳에서 한 끼를 때우고자 할 따름이지, 식당을 칭찬하고 싸게 잘 먹었다고 홍보해 줄 유형의 손님이 아니다. 그래서 그런 손님과는 더 이상 친해질 이유와 필요가 없다. 어차피 두 번 보지 못할 사람이니까 인생을 살면서 애틋할 것도 없는 인연이라고 생각하면 된다.

중국집의 요일별 메뉴와 달리 일반 식당이 여러 가지 메뉴 중에서 돌아가면서 오늘의 메뉴를 지정해 싸게 파는 것은 조금 다르다. 그 식당은 점심에 다른 메뉴를 팔지 않고 월요일은 육개장 하나만, 화요일은 부대찌개 하나만 파는 것이다. 그래서 재료비를 압축해 절약하는 것이고, 일손을 통일해서 인건비를 줄이기에 '오늘의 점심 특선'이 1,000원 더 쌀 수 있는 것이다. 그래서 식당의 요일별 메뉴가 조금 다르기는 하지만, 역시나 길게 보면 그것 역시 매번 고생이다. 매일 매일 다른 음식을 만들어 내는 일이 여간 수고스럽지 않거니와 그렇게 해서 일주일에 7가지 메뉴를 만들어서 내공이 키워질 리도 만무하니 말이다.

'홀에서 드시면 3,000원'이라는 중국집 현수막도 흔하게 본다. 설명하기 좋아서 중국집을 예로 든 것일 뿐, 중국집을 폄하해서가 아니다. 고급 레스토랑도 X표를 치고 얼마 할인이라고 하는 집도 흔하고, 백화점에 있는 식당가 배너에도 X표에 얼마라고 늘 깎아 주는 것을 자랑이라고 한다. '홀에서 드시면 3,000원'이라는 소리는 배달비를 그만큼 절약해 준 값이라고 보면 된다. 우리 집은 배달이 전문인데, 찾아와 주시면 그 배달비가 들지 않으니 그걸 깎아 드린다는 이유가 숨겨진 것이다. 그런데 말이다. 이렇게 표현하면 어떨까? "홀에서 드시면 곱빼기로 업그레이드해 드립니다."

사람의 심리는 미묘하다. 4,000원짜리 짜장면을 3,000원에 먹으면 25%를 할인받은 셈이다. 결코 적지 않은 금액이다. 그러나 할인율을 지우고 생각하면 겨우 1,000원 싸게 먹는 셈이라고 생각한다. 그래서 별로 호들갑스럽지 않다. 정말 돈이 없는 가난뱅이가 아니고서야 말이다. 짜장면이 4,000원이고, 곱빼기가 5,000원이라고 치자. 식당 입장에서는 곱빼기에 들어가는 원가가 300~400원을 넘지 않을 것이다. 그러니 5,000원짜리 곱빼기로 서비스를 해도 실제로 지출되는 손실은 300~400원이다. 그러나 손님은 오히려 이것을 더 반긴다. 홀에서 먹으면 곱빼기로 1,000원을 벌었다고 생각하는 것이다. 싸게 먹는 3,000원보다는 비싸게 먹는 5,000원이 더 소비에 대한 효용 가치가 있다고 생각하는 편애 심리 때문이다.

바로 이 점을 항시 기억하면 된다. 이 심리를 적극적으로 파고들어야 한다는 뜻이다. 싸게 먹은 집을 자랑삼아 다니는 사람은 없다. 자신이 초라하기 때문이다. 그래서 싼 집에는 늘 오던 사람들만 온다. 새끼를 쳐서 불어나지는 않는다. 친구들과 가난을 굳이 공유하려 하지 않기 때문이다. 심지어 가족이라면 더욱 그렇다. 아빠가 모처럼 제안한 외식이 싸구려 식당이라면 가족들은 불편하다. 심지어 화도 난다.

생각을 바꾸면 가볍게 해결된다. 4,000원 짜장면을 3,000원에 판다고 속으로 생각하면 된다. 그러면 1,000원이 생긴다. 자기는 받지 않으려고 마음을 먹었기 때문에 4,000원을 받으면 1,000원은 덤으로 생겨 난 것이다. 바로 그 덤을 다시 손님에게 되돌린다고 맘먹으면 된다. 재료비로 다

넣는 것이다. 그러면 원래의 짜장면 원가에 +1,000원이니 인근 중국집의 짜장면과 비교하면 내용물이 월등히 좋아질 것이다.

다르게 설명해 보자. 설렁탕을 파는데 장사가 안 되어 8,000원짜리를 6,000원으로 할인해서 팔까 하는 마음을 먹었다고 해 보자. 그러면 그 2,000원을 그대로 재료비에 더 쏟아 부으라는 것이다. 그렇게 되면 최소 원가만 4,000원에 육박할 것이고, 대한민국에서 8,000원짜리 설렁탕에 원가가 50%나 들어간 설렁탕은 흔하지 않으니 손님은 놀랄 것이다. 물론 그렇게 주어도 인정받는 시간은 필수적으로 필요하다. 그래서 대부분은 그 시간을 견뎌 내지 못하고, 당장 8,000원을 6,000원 할인한다는 현수막을 내걸게 되는 것이다. 그러면 다음날부터 잠깐이기는 하지만, 바로 효과가 나타나기 때문이다.

당장의 효과냐, 장기적인 무기를 가지느냐의 차이가 결국 식당의 성패를 가른다. 당장은 하루살이 면피용이고, 연명에 급급하는 삶이다. 어차피 힘든 식당을 시작했다면, 칼을 뺄 줄 알아야 하고, 그 시간을 견뎌 낼 배짱도 필요하다. 그래서 식당은 개념을 누가 올바르게 잡는가에 따라서 퍼주고도 욕먹는 식당이 있고, 받을 것 다 받는데도 손님이 나가면서 "이렇게 주고도 남아요?" 하는 식당이 있는 것이다.

4번 타자를 위해
다른 타순은 서비스라고 생각하라

필자가 손대어 만드는 식당은 메뉴가 온리원이지만, 그렇지 않은 대다수의 식당은 메뉴가 여럿이다. 그거야 개성이고 취향이니 탓할 건 아니다. 아무리 말해도 소용없는 경우는 흔하디흔하니까 말이다. 대신에 메뉴가 여럿이라면 순서를 정해라.

- 상호와 가장 연관 있는 메뉴
- 진짜 내가 팔고 싶은 메뉴
- 마진이 좋은 메뉴
- 맛내기가 가장 자신 있는 메뉴

그 중에서 대표 메뉴를 하나 정하는 것이다. 필자는 그것을 '4번 타자'라고 한다. 어떤 사람은 두목 메뉴라고도 한다. 하여간 내 식당은 이걸 파는 게 목적임을 정하는 것이다. 두루두루 다 팔겠다는 마음은 제발 버리고, 메뉴가 많아도 좋으니 이것 하나만은 따라 주었으면 한다.

○○칼국수라고 간판을 걸었다면 칼국수가 4번 타자다. 함께 메뉴판에 있는 아구찜과 수육은 덜 팔려도 좋다는 마음을 가지라는 뜻이다. ○○쌈밥이라고 간판을 걸었다면 쌈밥이 우선이지, 삼겹살이 우선이 아니다. 반대로 ○○삼겹살이라고 간판을 달았다면 삼겹살이 우선이고, 쌈밥은 점심용일 뿐이다.

어쩔 수 없이 메뉴가 많은 거야 이해하지만, 모든 메뉴를 다 골고루 팔겠다는 욕심은 버려야 한다. 그 욕심은 현실화되지도 않고, 그 욕심으로 인해 정작 팔아야 할 4번 타자도 제대로 팔지 못하고 문을 닫아야 할 수도 있는 일이기에, 그 실패를 막는 기술을 설명하려 하는 것이다.

칼국수집에서 수육을 파는 것은 이해가 되지만, 그 수육은 사실 팔려도 그만, 안 팔려도 그만이라고 생각해야 한다. 중요한 것은 칼국수를 파는 것이다. 하루에 얼마나 많은 사람이 칼국수를 먹으러 오는가가 중요하다. 수육은 칼국수를 맛있게 먹는 보조 도구로 이용해야 한다.

칼국수가 7,000원이라고 치자. 그러면 2~3명이서 칼국수를 먹을 때 수육의 가격은 얼마면 좋을까? 상식적으로 2만 1,000원을 먹는 자리에서 수육 1접시 가격이 2만 원이라면 아무래도 주저하게 되고, 결국 시키지 않고 칼국수만 먹게 될 것이다. 따라서 식당이 그 테이블에서 얻는 매출액은 2만 1,000원이 전부다.

하지만 여기서 수육을 칼국수를 맛있게 먹는 도구로 정해 가격을 매긴다면 1만 원쯤이고, 그러면 2만 1,000원을 먹는 사람들에게 1만 원은 넘기 힘든 산이 아니다. 자연스럽게 주문을 할 것이고, 식당은 그 테이블에서 3만 1,000원이라는 매출을 올리게 될 것이다.

그런데 이것이 중요한 것이 아니다. 바로 손님의 만족도다. 수육을 먹지 않고 칼국수만 먹은 팀과 수육까지 먹고 일어선 팀의 만족도는 당연히 다를 것이다. 어디가 더 좋은지는 굳이 따지지 않겠다.

이런 예는 흔하다. 라면을 먹고 공깃밥 반 공기까지 먹은 사람의 만족도와 냉면을 먹고 왕만두 딱 1개를 먹은 사람의 만족도는 라면만 혹은 냉면만 먹은 사람의 만족도에 비해 높을 것은 자명한 일이다.

모든 메뉴를 이런 식으로 구성할 수 있다. 모두가 마음먹기 나름인 것이다. 고깃집에서는 고기를 팔면 된다. 후식 냉면이나 후식 된장찌개에서 남겨 팔 까닭이 없다. 소마진을 매겨서 값을 싸게 팔아도 좋고, 반대로 정상적인 가격을 붙이고 재료를 왕창 넣어서 놀랄 만한 양으로 주는 것도 효과적이다. 보조 도구로 접근하는 메뉴인 경우엔 싼 가격이 도움이 된다.

후식 냉면이나 후식 된장찌개 둘 다 고기 외의 것에서는 마진을 크게 남기지 않겠다는 공통점이 있다. 실제로 필자가 만든 한 고깃집에서는 소면을 파는데 4,000원을 받는다. 그런데 양이 세곱빼기다. 그래서 주문을 받을 때 "3명도 드실 양이니까, 소면은 하나만 시키세요."라고 한다. 손님은 가격만 보고 별 감흥이 없었는데, 3명이 먹을 양을 겨우 4,000원에 먹는다니 감동하는 것은 당연하다.

필자가 만든 다른 고깃집에서는 곁들임 파전을 5,000원 받는다. 그런데 먹고 난 손님들은 하나같이 1만 원짜리를 어찌 이리도 싸게 파냐면서 주인에게 말을 건다. 그러면 주인은 당당하게 말한다. "고깃집에서 고기 팔아서 남기면 되었지, 곁들여 파는 파전에서까지 남길 게 뭐 있나요?"

보리밥집에서도 얼마든지 가능하다. 보리밥을 8,000원에 받는다면, 추가로 시키는 고등어구이나 코다리찜은 원가보다 조금 더 비싸면 된다. 내가 팔아서 얻는 이득은 보리밥에서 이미 얻었기 때문에 손님이 추가로 주문하는 고등어구이와 코다리찜은 보리밥을 더욱 맛있게 먹도록 돕는 부록일 뿐이기 때문이다. 소마진이어도 나쁠 게 없다.

만일 고등어구이나 코다리찜에서도 마진을 넉넉히 보겠다고 값을 매기면 팔리지 않는다. 팔리지만 않으면 괜찮은데, 손님들이 먹지도 않은 고등어구이와 코다리찜 가격을 기억해서 비싸다고 투정을 하고, 좋지 않은 소문을 퍼 나른다. 값이 싸면 먹을 수 있는 걸 추가해서 먹지 못한 서운함을 복수하듯이 전파한다. 원래 사람은 자잘한 것에서 상처받는 법이다.

짬뽕 전문점에서 파는 탕수육도 마찬가지다. 싸게 매겨서 먹게 해야 한다. 만일 탕수육을 제값을 받고 팔고 싶다면 간판을 탕수육으로 바꿔라.

그래서 탕수육 위주로 팔면 된다. 그게 더 낫다고 생각되면 그리하면 되는데, 간판은 싼 메뉴를 걸어 두고 손님에게 비싼 메뉴를 권하는 식당을 보면 주인장의 한숨이 말도 못할 지경이다.

아구찜 전문점에서 칼국수를 굳이 식사류로 넣을 까닭이 없다. 3~4만 원짜리 아구찜을 팔면서 그보다 한참 싼 칼국수를 팔려고 애를 쓸 이유가 없다. 그냥 줘도 좋다. 차라리 칼국수 원가 2,000원을 더 보태어 3만 2,000원~4만 2,000원을 받고 칼국수는 그냥 주는 게 훨씬 강하게 이기는 장사를 하는 것이다. 그렇게 손님을 제압하는 것이다.

4번 타자를 고르기 힘들다면 나가서 간판을 봐라. 내가 처음에 식당을 열 때 무엇을 팔려고 시작했던가를 보자. 그러면 된다. 어쩌다 보니 사연이 깊어져 메뉴가 이것저것 늘어난 경우라도 간판에는 흔적이 남아 있다. 무엇을 팔기 위해 준비하고 노력하고 밤을 지새우면서 고생했는지를 알 수 있다. 그 간판을 바꿀 것이 아니라면, 지금이라도 그 간판에 적힌 메뉴를 위해 나머지 메뉴는 보조 도구로 삼는다. 간판에 적힌 메뉴를 올바르게 팔겠다고 마음을 잡으면, 그래도 내일이 기대될 것이다.

객단가가 아니라
손님의 수가 중요하다

칼국수집의 객단가(테이블 단가)는 2만 원 내외고, 삼겹살집의 객단가는 3만 원 내외다. 그보다 더 잘 나온다면 성공한 식당이다. 내일이 기대되는 식당이라고 해도 과언이 아니다. 그만큼 더 잘 먹게끔 해 준다는 뜻이기 때문이다. 칼국수를 먹으면서 만두를 먹게 하거나, 삼겹살을 인원수보다 무조건 더 먹게 해서 나오는 매출일 테니 말이다.

일을 하다 보면 객단가에 목숨을 거는 주인들을 본다. 특히 저단가 메뉴를 파는 식당이 고단가 메뉴를 파는 식당을 부러워하는 일은 부지기수다. 가게가 협소해서 라면을 팔면서 파스타 파는 집을 부러워하는 꼴이다. 인테리어가 남루해서 대패삼겹살을 팔면서 근사한 분위기에서 한우를 파는 집을 부러워하는 꼴이다.

복어집을 컨설팅해 준 적이 있다. 하루에 10팀을 받는 식당이었는데 60 평 규모라서 테이블 수가 20개였다. 10팀을 받고도 일 매출은 70만 원 정도가 되었다. 바로 단가 때문이었다. 그런데 주인이 하루 12시간을 일하면서 하루 온종일 10팀이 평균인 그 식당에 지쳐 갔다. 회전율로 따지면 0.5회전을 위해서 12시간을 꼬박 일하는 것이고, 시간당 1팀을 받자고 그 일을 하는 것에 완전히 지친 상태였다.

결론을 말하자면 그곳을 당시 7,000원짜리 보리밥을 주력으로 하는 식당으로 바꿔 주었다. 객단가는 겨우 2만 원에 그쳤다. 객단가가 7만 원에서 2만 원으로 확 줄어든 것이다. 그런데 다행히 장사가 잘되어 주방과 홀에 인력을 10명이나 쓸 상황이 되었다. 매출은 하루 200만 원, 월 매출은 7,000만 원 정도를 올리게 되었다.

일 매출 70만 원을 팔 때는 일손이 1.5명이면 되었다. 그래서 그만큼을 팔아도 주인이 500여 만 원은 가질 수 있었다. 적지 않은 돈이었지만 몸과 마음이 지치고, 하루 10팀이 혹여라도 오지 않으면 어떡하나 가슴이 늘 불안했다. 손님은 들어오면서 비어 있는 모습에 놀라기도 하였고, 괜히 안절부절못하는 모습에 주인까지 덩달아 하루하루 지쳐 갈 뿐이었다.

그러던 식당을 싼 가격의 보리밥집으로 바꾸자 많은 일손을 쓰는 까닭에 점주의 수익이 엄청나게 늘어나진 않았지만, 모든 손님이 한결같이 "이집은 조금만 늦으면 한참을 기다려야 하는 집"이라고 칭하고 시작했고, "이 동네 돈은 다 긁어모으는 집"이라고까지 부풀려 주기 시작했다. 이제 점주는 식당에 나가는 일이 당당했고, 하루가 어떻게 가는지도 모르게 즐겁고 흥이 날 수밖에 없었다.

　필자가 늘 하던 이야기와 맞대어 설명하자면, 4번 타자를 잘 팔기 위해서 나머지 메뉴를 조력으로 돌리면 손님이 늘어난다. "다른 집은 모든 게 다 제값인데, 이 집은 주 메뉴는 당당히 제값이고, 나머지는 대체로 싸기에 이득"이라는 셈법이 받아들여져서 손님이 늘어난다.

　객단가가 아무리 좋아도, 하루 몇 팀이라면 진이 빠진다. 이러다가 그나마 있던 손님이 오지 않으면 문을 닫아야 한다는 것을 직감적으로 알기 때문이다. 그래서 식당은 메뉴 가격의 딜을 잘해야 한다. 손님이 찾지 않으면 지는 것은 100% 식당이기 때문이다.

　한우집보다는 삼겹살집 손님이 더 많고, 일식집보다는 횟집 손님이 더 많다. 바로 가격 때문이다. 그런데 이걸 당연한 이등법 계산으로 나누면 발전이 없다. 한우집이 삼겹살집보다 손님을 더 끌게 할 수도 있고, 일식집을 횟집만큼 손님이 북적이게 할 수도 있다. 가성비가 없는 삼겹살집은 제아무리 가격이 싸다고 해도 헐렁할 것이고, 1마리 광어 2만 원짜리여도 그조차 값이 아깝다고 느끼면 그 횟집은 곧 문을 닫을 것이다.

　한우집에서 단 한 가지의 카드로 성공한 사례가 있다. 아무것도 손대지 않고 오직 하나만 손을 대었다. 바로 한우를 먹고 난 후의 식사였다. 이 집은 특이하게 점심에 한정식 밥상으로 1만 원 메뉴가 있었다. 간판은 한우집인데, 손님들은 점심에 이걸 먹을 뿐 정작 저녁에는 한우를 먹으러 오지 않았다. 그래서 고전하고 고생을 하다가 필자를 찾았는데 그때 필자가 내민 처방은 간단했다.

"150g 한우 1조각에 3만 원을 받으면서, 후식으로 주는 밥에서 남겨야 할까요? 후식 식사를 제대로 내주면 그것에 고마워서 한우 1인분을 더 먹지 않을까요? 1만 원짜리 정식을 한우 식사로 내주면 원가로 4,000원이 들 겁니다. 그런데 손님은 원가는 4,000원이지만 판매가로는 1만 원인 식사가 고마워서 3만 원 한우 1인분을 더 먹을 겁니다. 그러면 누가, 얼마를 더 이득 볼까요?"

100평 규모에서 이런저런 묘수와 마케팅 그리고 갖은 홍보로도 월 매출 6,000만 원을 뛰어넘지 못하던 그 한우집은 필자의 훈수 하나로 1억 5,000만 원으로 매출이 올랐다. 바로 손님 수가 늘어났기 때문이다. 그전에는 오지 않던 저녁 시간에 한우를 먹으러 오는 손님이 늘어나서였다. 점심은 점심대로 유지되고, 저녁엔 식사가 그냥 제공되는 한우 탓에 손님의 수가 확 늘어서 매출이 3배 가까이 뛴 사례다.

횟집에서도 손님의 수를 늘리는 묘안은 여럿 있다. 회 자체를 퀄리티 있게 제대로 주어서 손님을 만족시킬 수도 있고, 가장 평범하지만 가장 빠르게 먹히는 스키다시를 많이 깔아 줌으로써 손님을 만족시킬 수도 있다. 필자는 음식도 모르고, 요리는 더더욱 모르는 사람인지라, 항상 손님으로서 먹는 기준에서 틈새를 찾는다.

기본으로 나오는 스키다시가 제대로인 집을 본 적도 없고, 생선회의 종

류도 잘 모르지만 이것 하나는 분명히 안다. 횟집에서 제공되는 맨 마지막 음식에서 결정타를 날릴 수 있다는 사실을 말이다. 바로 매운탕이다.

대부분의 횟집은 매운탕을 무슨 생선뼈인지도 모를 것을 모아서 끓여 준다. 엄밀하게 말하면 생선뼈탕이지, 매운탕은 아니다. 그래서 필자의 훈수는 간편하다. "매운탕에 생선 1마리를 통째로 넣어서 끓여 주세요. 그 값이 아까우면 회 값에 슬쩍 올려서 값을 매기고 그냥 준다고 생색을 내세요."

당신은 경험해 보았는가? 횟집에서 마지막 매운탕으로 살이 통통한 생선 1마리가 그대로 들어간 것을 받아 본 경험 말이다.

손님의 수가 늘어나야지, 테이블 매출만 올라서는 의미가 없다. 그렇게 돈을 쓰는 사람은 사라질 수도 있는 일이고, 경기에 따라 내 식당의 기준이 흔들리기 때문에 안정적인 구조라고 볼 수 없다. 그래서 객단가가 올라서 그달 매출이 올랐다고 좋아할 까닭이 없는 것이다. 손님의 수가 늘어야 한다. 그만큼 내 식당을 처음 찾아온 사람이 있다는 것이고, 재방문이 늘었다는 것이기 때문이다.

맛있게가 아니라
끝내주게 만들어야 팔린다

'맛있게'는 사실 옳은 표현이 아니다. 친구와 먹는 밥과 직장 상사와 먹는 밥맛은 다르다. 연애를 막 시작한 연인과 먹는 밥과 오래된 연인과 먹는 밥맛 역시 다르다. 승진을 앞두고 먹는 밥과 명퇴 명단에 속한 채 먹는 밥맛도 역시 다르다.

하지만 청결한 식당에서 먹는 밥맛은 한결같이 좋고, 친절하게 웃으면서 서빙을 하는 직원을 보며 먹는 밥맛도 맛있다. 주인의 의례적인 멘트가 아니라 진심 어린 서비스라면 없던 맛도 생겨난다.

'맛있다'와 '맛있게'의 차이를 굳이 구분하는 것이 필자의 아집이라고 무시해도 그만이다. 필자 생각에는 '맛있다'는 음식만 신경 쓰는 일이다.

오직 음식을 맛으로만 평가받는 매우 고난이도의 일이다. 그걸 자청하겠다면 뭐라 할 말이 없다. 서비스도, 마케팅도, 기타의 상차림도, 배려도 다 버리고 오직 맛으로 승부를 걸어 보자. 그 결과가 어떤 열매를 남겨 주는지 확인이 필요하다면 얼마든지 해도 좋다.

조금 더 필자의 생각을 전달하자면 내 식당의 손님이 누구와 먹든, 어떤 기분으로 먹든, 어느 상황에서이건 평균 이상의 맛있는 음식이 되길 바란다면, '맛있게' 먹는 쪽으로 포커스를 맞춰 식당을 운영하기 바란다. 그러자면 먼저 청결해야 하고, 당연히 남은 음식 재활용은 하지 못할 것이다. 친절과 웃음도 장착하게 되고, 계산할 때 의례적인 멘트가 아니라 손님을 기억하려는 멘트를 준비하게 될 것이고, 손님을 맞이할 때도 "어서 오세요."가 아니라 "안녕하세요."가 될지 모른다.

'맛있게' 먹을 수 있는 분위기를 만드는 것과, "누가 먹어도 맛있어."라고 인정하는 그 맛을 찾는 것 중 어느 게 더 수월하고 실현 가능한지는 조금만 생각해 보면 알 것이다. 그래도 오직 맛이라면 그런 맛집에 도전하라고 말할 수밖에 없다.

그런데 필자가 말하고자 하는 바는 단순히 '맛있게 먹는 환경'을 만드는 것까지가 아니다. 여기까지는 약간의 노력과 정성으로 누구든 금세 완성할 수 있다. 그것만으로는 국민 70명당 식당 1개인 치열한 전장에서 살아날 수 없다. 살아남으려면 끝내주게 만들어 내야 한다. 맛있게가 아니라, 맛은 평범(기본 이상)하지만 가격에 비해 끝내준다는 상차림으로 손님에게 인정받아야 살아남는다.

  필자가 만든 콘셉트 중에 모두가 따라 하는 것이 라면사리다. 요즘은
부대찌개집에서 라면사리를 공짜로 주는데, 필자가 5년 전에 만든 목동의
작은 식당에서 출발한 콘셉트이다. 오피스 건물 지하에 있는 14평짜리 부
대찌개집을 인수했다. 그러고는 부대찌개집으로 재오픈을 결정했다. 이유
는 그 전에 팔던 부대찌개가 너무 부실했다는 판단에서였다. 얼마든지 융
통성 있게 경영할 수 있는데 식당의 고질병인 1인 1식과 사리 값을 받았
던 게 한심해 보였다. 그래서 딱 2가지를 바꿨다. '4인분은 팔지 않아요.',
'라면사리는 돈 받지 않습니다.'였다.
  찌개를 먹으면서 3인분과 4인분이 분명한 차이가 있을 거라고 믿는 사
람도 적겠지만, 믿는다고 해도 4명이 찌개를 굳이 4인분이나 먹어야 할까
하는 마음이 더 큰 것이 솔직한 진심일 것이다. 4명이 찌개를 3인분 시킨
다고 식당이 망할 일도 없으니 그 부분을 먼저 건드렸다. 손님이 쭈뼛거리
기 전에 먼저 메뉴판에 대놓고 "4인분은 팔지 않아요. 그렇게 주문하지 않
아도 됩니다."로 쓴 것이다. 자 이렇게 먼저 치고 나오는 메뉴판을 볼 때 부
대찌개 맛에 대한 기대치는 어떨까? 맛이 없으니까 저리 팔겠지라고 생각
할까?

  손님의 심리는 매우 단순하다. 팔려는 사람이 먼저 속내를 드러내면 쉽
게 마음을 연다. 김치찌개, 부대찌개, 동태탕을 꼭 4인분 시켜야 하나 고민

할 때, 먼저 그리 주문하지 않아도 된다고 하는 식당이 거북할 이유가 없다. 그렇게 맛있게 먹는 환경을 먼저 만들어 주는 것이다.

그 다음으로 끝내주는 식당의 완성은 라면사리 공짜였다. 모두가 알겠지만, 찌개나 탕을 먹을 때 라면사리만한 추가 재료가 없다. 밥은 밥대로, 라면은 라면대로다. 그런데 대부분의 식당은 여전히 사리 값을 받는다. 물론 받는 게 맞는 일이다. 사리 원가가 200원이 넘으니 흠 파서 하는 장사도 아닌데 받는 것이 옳다. 그런데 '끝내주게 파는 식당'이 되려면 생각을 달리 해야 한다는 것이다.

필자는 식당이 손해 보라는 소리는 하지 않는다. 손님에게 더 받아서 그걸 되돌려 주라는 소리만 할 뿐이다. 때문에 사리를 공짜로 주기 위해서 부대찌개 값을 먼저 조금 더 받으면 된다. 그 전 식당이 7,000원을 받았는데, 그대로 이어받아 오픈한 필자의 부대찌개는 5년 전 당시에 8,000원을 받았다. 가격만 본 손님들은 1,000원 인상이 기분 나빴을 것이다. 직장인들에게 점심 값 8,000원은 5년 전인 그때는 체감 가격이 더 비싸게 느껴졌을 테니까 말이다. 하지만 다음과 같이 구체적으로 계산해 보면 손님이 오히려 이득이라는 걸 알게 된다.

- 메뉴판과 현수막에 4인분을 시키지 않아도 된다고 공표했다. 따라서 이전에는 7,000원으로 28,000원을 냈는데, 4인분을 시키지 말라고 하니 8,000원으로 24,000원을 내니까 결과적으로 더 이득이다.
- 라면사리도 이전에는 개당 1,000원을 주고 먹었는데 그게 공짜라니 라면

사리 4개를 먹으면 4,000원이나 번 셈이다. 이 사리 값을 빼서 계산하면 4명이 실제로 지불한 가격은 2만 원이다.

　식당은 결과적으로 4명에게 2만 원이라는 금액에 팔았으니 손해일까? 1인분 7,000원을 받고, 라면사리 값으로 1,000원을 받았던 이전의 식당이 권리금 2,000만 원에 만세를 불렀는데, 필자의 전술로 1인분 8,000원에 4인분은 팔지 않고, 라면사리를 공짜로 주어 14평에서 5,000만 원의 매출과 1,000만 원 정도의 순수익을 낸 식당이 손해를 본 것일까?

　이 사례를 보면 끝내주는 준다는 것이 그다지 어렵지 않음을, 도전하지 못할 고난이도 기술이 아님을 알 수 있다. 그런데 필자가 보여 준 성공을 훔쳐 본 많은 식당에서 같은 방식을 따라 하면서도 100% 성공하지 못하는 것을 보면 내심 당연하다는 마음이 든다.

　부대찌개 1인 1식을 해야 라면사리가 공짜라는 표현도 딱하고, 메뉴판에 사리가 무한 리필이라고 해 놓고서는 달라고 해야만 주는 것도 딱하다. 왜냐하면 필자는 라면사리를 달라고 해서 먹게 하지 않는다. 그냥 테이블에 쌓아 두고 눈치 보지 말고 마음껏 드시라고 장치해 놓는다. 가까운 곳에 산더미처럼 라면을 쌓아 두고 식사로 무제한 드시라고 한다.

　끝내준다는 것은 그렇게 생각의 차이에서 시작된다. 식당의 음식을 맛있다라고 인정하게 만드는 일보다 맛있게 먹도록 하는 게 보다 더 쉽고 빠른 길이고, 한 발 더 나아가 끝내주게 만드는 방법이다. 생각을 고쳐먹으면 아무것도 아닌 일이다.

'팔리지 않으면 매출은 없다.'라는 사실을 절대로 잊으면 안 된다. 4인분을 팔 확률이 얼마나 된다고, 메뉴판에 "4인분은 팔지 않습니다. 3인분만 주문하세요."라는 문구를 쩔쩔매고 쓰지 못할 이유가 없다.

5장

그때는 맞고, 지금은 틀리다

예전에는 맞는 이야기·행동·법칙이었지만, 세월이 흘러서는 틀리게 되는 이야기·행동·법칙 들이 흔하다. 살면서 그런 것은 무척 많다. 특히 수요와 공급에 따른 변화도 중요하다. 스마트폰이 없던 시절은 호랑이 담배 피던 시절 이야기와 비슷하다. 정보를 돈 주고 알아보던 시절이 있었다고 하면 지금 아이들은 무슨 소리인가 할 것이다.

그런 점에서 식당 창업과 식당 경영을 컨설팅하는 입장에서 본 20년 전, 10년 전과 지금은 많이 다르다. 필자는 그 다름이 느껴지는데, 20년째, 10년째 식당에서 장사만 하는 사람들이나 공부하지 않는 컨설턴트들은 그 차이를 인정하려 들지 않는다.

제일 큰 변화가 상권 분석이다. 이거야말로 참 가당치 않은 소리다. 목 좋은 곳을 찾기 위한 상권 분석은 의미가 없다. 경쟁사 분석을 위한 상권 분석 정도만 쓸 만하다. 핸드폰이 내비게이션이 되는 세상에서 목 좋은 곳은 그다지 의미가 없음에도 목 좋은 위치를 찾기 위해 상권 분석을 공부하는 사람들을 보면 안타까울 뿐이다.

콩깍지를 벗겨라. 그래야 실패하지 않는다. 가까이서 보지 말고

멀리서 봐라. 그래야 실수하지 않는다. 파는 입장이 아니라, 사는 입장에서 봐라. 그래야 객관적으로 볼 수 있어서 괜한 우쭐함이나 쓸데없는 자존감에서 벗어날 수 있다.

　내가 하면 로맨스, 남이 하면 불륜이라는 생각은 예나 지금이나 한결같다. 하지만 살아남으려면, 더 잘 살려면 어떻게 하든지 그 틀에서 벗어나도록 노력해 보자.

이제는 부부 경영,
가족 경영이 더 옳다

필자는 유독 부부가 같이 식당을 하는 것을 반대하던 입장이었다. 필자가 2002년에 아내와 함께 식당을 하면서 힘들었던 탓도 있지만, 행복을 위해서 둘이 고생하는 것까지는 괜찮다고 하더라도 나머지 가족 특히 아이들을 생각하면 부부가 함께하지 말고 남자 혼자서 식당을 하라고 권하던 쪽이었다.

필자가 오래전에 낸 책에 가족의 행복한 식당이 이게 뭐냐고 힐난하듯 쓴 이야기가 있다. 아내는 하루 종일 주방에서 일하고, 노모는 구석에서 콩나물을 다듬는다. 학교 다녀온 아이는 손님이 없는 테이블에서 숙제를 하다가 손님이 올 때마다 자리를 옮긴다. 그런 모습을 보자니 남자주인 속이 짠하다. 분명히 가족의 행복을 위해서 차린 식당인데, 이 모습을 보니 왜 우리가 이런 고생을 하는가 하는 후회가 밀려든다는 내용이었다.

앞으로는 이 모습이어야 한다는 말을 하려는 것이 아니다. 지금도 부부가 함께 하지 않는 것이 좋다는 생각에는 변함이 없다. 그러나 아이가 어느 정도 컸다면 아내가 식당 일을 거들어도 좋고, 노모가 몸이 건강하다면 소일거리 삼아서 식당에서 일손 하나를 책임져도 좋다는 말을 하려는 것이다. 바로 인건비 때문이다. 필자의 아내가 2003~5년에 남의 식당에서 일을 했다. 주방 보조일도 했고, 홀도 봤다. 그때 아내의 월급은 105만 원, 110만 원이었다.

십수 년이 지난 지금 아내가 일하던 곳 주변 식당의 임금은 최하 180만 원이고, 사람 구하기 힘든 집은 200만 원도 준다. 공단이 많아서 식당 일보다 직장에서 일할 거리가 있는 곳에서는 설거지할 사람을 구하는데 230만 원을 준다고 해도 할 사람이 없어서 힘들다는 소리를 하는 실정이다. 거기에다 2018년부터는 시급이 7,500원 대니까 식당은 더더욱 인건비 싸움에 힘이 부칠 것이다. 임대료도 그만큼 올랐고, 인건비도 다소 과장하자면 2배 가까이 뛰었는데 밥값은 1,000~2,000원 오른 것이 전부다.

필자가 관리하는 식당이 전국에 100곳이 넘다 보니 별별 소식을 다 듣는다. 대형 식당에서 단체 손님을 받은 날, 직원들이 준비하다 싸우고서 기분 나쁘다고 입던 유니폼을 벗어 놓고 퇴사한 경우도 있었다. 당시에 점주가 주인이 고용인을 해고할 때는 한 달 전에 통보해야 하는데, 고용인은 식당이 어떻게 되든 말든 그만두고 싶을 때 마음대로 그만둬도 패널티 없는 세상이 어디 있느냐고 화를 냈던 기억이 떠오른다.

일당을 받고 일하러 와서는 이틀 만에 자기가 일부러 넘어져 다치고서는 합의금을 뜯어내려고 한 경우도 있었다.

한 알바생은 본인이 튀김기를 잘못 사용해서 다쳤는데 주인 앞에서는 괜찮다고 말해 놓고서는 따로 사진을 찍고 병원에 가서 진단서를 받고서 며칠 뒤에 고용주가 챙겨 주지 않아 상처가 덧났다고 우겨서 한 달 내내 장사도 하지 못하고 사실 확인을 위해 싸운 경우도 있었다. 결국 1주일 일한 알바생에게 3달치에 달하는 급여를 합의금으로 주고서야 마무리 지을 수 있었다.

무려 10개월을 친조카처럼 일하던 종업원이 그만두면서 그동안의 급여 계산 오류를 잡아내어 점주를 고용부에 고발한 경우도 있었다. 이 정도는 법대로의 테두리에서 돈으로 해결하면 되니 그나마 다행한 일이다.

사정이 이러다 보니 식당 점주들이 "일하는 사람 때문에 못해 먹겠다."는 소리를 입에 달고 다닌다. 가르치면 떠나고, 주인의식을 가지고 손님에게 대하라고 교육시키니까 다 제 손님을 만들어 다른 식당으로 옮기는 일도 다반사다.

그래서 필자는 아이가 어느 정도 컸다면 이제는 아내를 식당에 나오게 하라고 권한다. 심지어 아이들이 커서 성인이 되었다면 식당에서 부모의 고생을 직접 눈으로 보고 흰소리 하지 말라고 하기도 한다.

필자의 친구 식당 중에서 자녀가 대를 이어 운영하는 식당은 부러움의 대상이다. 아들과 함께 일하는 대전의 샤부샤부집, 대학을 졸업한 딸이 직장 대신 아빠의 초밥집을 하겠다고 팔 걷어붙인 대구의 식당, 대천의 고깃집, 아직 그 수는 미미하지만 점점 더 가족이 운영하는 식당이 늘어날 것은 분명하다. 그래서 필자도 재수생 아들에게 대학을 꼭 가야 한다고 이야기하지 않는다.

식당은 부끄러운 곳이 아니다. 식당으로 온 가족이 행복할 수 있다. 하루 종일 12시간 꼬박 일하겠다는 생각만 버리면 된다. 그렇게까지 하루 온종일 식당 일로 인생을 소비하지 않겠다는 마음을 가지면 식당은 행복한 일터가 될 수 있다.

좋은 직원을 구하거나 키우려고 애쓰는 것보다 아내와 자식의 생각을 바꾸는 일이 더 쉬울 수 있다. 단 가족도 직원이므로 정당하게 대우해 준다. 과거처럼 주머닛돈이 쌈짓돈이라는 발상은 버려야 한다. 그렇게 해서는 노동력 착취일 뿐이다. 그런 생각으로 경영을 하면 가족이 함께 식당에서 일하는 것을 싫어할 수밖에 없다.

가족은 두 사람 몫을 한다. 적어도 마지못해서가 아니고, 요령을 피우지도 않는다. 그러면 가족이 없는 사람은 어떻게 해야 할까? 직원을 내 아내라고 생각한다면 그 시급에 그렇게 부려 먹을까를 곰곰이 생각해 보자. 알바를 내 아들이라고 생각한다면 그 시급 주고서 그처럼 모질게 대할 수 있을까를 따져 보자. 당신이 하기에 따라서 을(주인도 손님에게는 갑이 아니라

을이다.)과 을이 아닌 가족이 된다.

　다만 이것 하나는 꼭 말하고 싶다. 인건비를 아낀다고 정직원보다 파트타임이나 일당을 선호하는 점주들이 있는데, 괜히 발등 찍어서 더 큰 비용을 치르지 말고 함께 오래 일할 직원을 뽑는 게 현명하다.

상권 분석에 목매지 마라.
스마트폰만 있으면 다 해결된다

상권 분석을 잘하면 좋다. 당연히 좋다. 그래서 더 저렴한 가격에 좋은 자리를 구하고, 더 적은 월세를 내고 장사하는 일은 단연코 좋은 일이다. 현명한 일이다. 그런데 그렇게 구한 자리가 얼마나 오래갈 것인지를 생각해 보자. 길어야 2년? 아마도 그 안이면 금세 경쟁자들이 들어와 어렵게 찾은 그 목은 북적거릴 것이고, 2년이 지나면 제발 들어와서 빈 가게 환하게 밝혀만 줘도 감사하다고 하던 건물주가 딴 소리를 할 것이다.

그래서 상가임대차 보호법이라는 것이 있지만, 사실 이것도 그다지 안전한 것은 못 된다. 대체로 무난하고 착한 사람들은 법대로가 잘되지 않는다. 여전히 건물주가 칼자루를 쥐고 있으니까 잘 보이는 게, 좋은 게 좋은 거다는 식으로 대처를 할 뿐이다.

젠트리피케이션은 남의 이야기가 아니다. 바로 내 이야기다. 내 식당이 번성할수록 나는 반드시 쫓겨날 것이라는 마음을 먹어야 한다. 그렇지 않은 경우가 있기는 하지만, 그런 사례는 100에 2~3곳 정도에 불과하다. 대부분의 식당은 장사가 잘되면 재계약이 힘들 거란 예측을 쉽게 하게 된다.

시골길 벌판에 차린 국수집도 5년이 지나면 떠날 생각을 했다. 1년이 넘게 비어 있던 식당을 싼 값에 임차했는데, 장사가 너무 잘되니까 건물주가 티 나게 배 아파했다. 그 이유는 아들이 근처에서 임대료를 내고 장사를 하면서 매달 적자에 허덕이는데, 내 건물에 들어온 남의 아들은 손님을 줄 세우느라 정신이 없어서였다. 그래서 서로 말하지는 않지만 임대차 기간 5년이 채워지면 그땐 헤어짐이 수순이라는 것을 묵시적으로 동의하는 상태가 되었다.

이처럼 벌판, 들판에 떨렁 세워진 가게도 그럴 판이니, 제대로 상권을 분석해서 식당을 차린다고 해도 5년 후면 반드시 떠난다고 생각해야 한다. 다행히 임대차 10년으로 보호 연한이 늘어났으니 이런 현상은 다소 완화되리라 예상한다.

이보다 더 필자가 하고 싶은 상권 분석에 대한 지적은, 상권 분석을 하면 할수록 그 상권은 버리기 힘들다는 점이다. 좋은 물건을 많이 보고 나서 그보다 못한 물건을 골라야 할 때의 자괴감을 누구나 한 번쯤은 느껴봤을 것이다. 생각이 다르고, 가치관이 달라서 선택하는 것이면 괜찮은데, 단순히 돈이 없다는 이유로 내 취향이 아닌 물건을 어쩔 수 없이 골라야 하는 상황은 괴롭고 슬프다.

필자의 첫 직장은 고려당으로 영업부에 소속되어 점포 개설 업무를 하기 위해서 상권 분석을 하는 일이 주 업무였다. 그때가 1994년이니 필자의 상권 분석 경력은 벌써 25년쯤 되었다. 그래서 상권 분석에 대한 강의를 10시간도 거뜬히 할 수 있고, 그에 대한 책도 쓸 수 있지만 쓰지 않는다. 그 이유는 그것이 가진 장점에 비해 단점이 더 많다는 판단 때문이다.

왜 그럴까? 바로 손안에 컴퓨터를 가지기 시작하면서 사람들은 누구나 다 아는 곳에 대해서는 흥미와 매력을 느끼지 않게 되었다. 말하면 다 아는 위치, 말하면 누구나 알고 있는 식당에 대해서 이야기하려고 하지 않는다. 숨겨진 곳, 찾아가야 하는 곳에 대한 발견의 갈증이 심하다.

필자는 소비자가 이만큼 변했는데도 공급자인 식당은 좀 더 접근성을 좋게 하려고 권리금을 많이 내는 일이 현명한 일이라고 생각지 않는다. 권리금을 1~2억 원을 주고 들어가서 한 달 수입 1,000만 원을 내는 일이 옳은 장사법이라고 생각지 않는다. 그게 맞다면, 그것이 최선이라면 자본이 없는 창업자는 언제나 기백만 원 벌이로 만족해야 할 테니 말이다.

필자도 내공이 부족했던 시절에는 접근성에 투자하라고 했다. 그래서 최소 권리금 5,000만 원 이상은 주는 목을 권했다. 그나마 바닥권리금이 안전하다는 것쯤을 알고 있었기에 바닥권리금으로 5,000만 원을 준비해야 한다는 주문을 하곤 했다. 그러다 보니 최소 창업 비용은 1억 5,000만 원이었고, 그 돈에서 권리금과 보증금을 치르니 가게는 늘 고만고만한 규모여야만 했다.

그런데 지금은 일절 상권을 따지지 않는다. 상권은 없어도 좋다. 상권은 내가 만들면 된다는 마음을 가지고, 손님을 오게 하는 식당이 되어야 한다는 것에 초점을 둔다. 그래서 권리금은 일절 줄 필요가 없으니 창업 자금은 1억 원이면 적당하다. 과거처럼 1억 5,000만 원이라면 운전 자금 수천 만 원이 남으니 아주 넉넉한 돈이 된다.

권리금을 주고 목이 좋은 곳에 들어가면 지나다니는 사람이 당연히 많아 안심하게 된다. 지나가다가 들어오는 손님이 있을 것이고, 그게 반복되다 보면 단골이 될 테고, 그렇게 쉽게 자리를 잡을 수 있겠다는 마음이 생길 것이다. 하지만 실상은 그렇게 되지 않는다.

좋은 목이라서 더 치열하다. 목이 좋은 자리에서는 경쟁자가 지나치게 많은 과부하 상태가 되기 때문에 호객도 해야 한다. 내가 호객하지 않으면 문 앞의 손님도 빼앗긴다는 것을 식당 문을 열고 나서야 깨닫는 것이다. 그래서 안전할 줄 알았던 자리가 가장 위태로운 자리, 힘겨운 자리라는 것을 엄청난 권리금을 남의 주머니에 쥐어 주고 나서야 깨달으니 그저 안타까울 뿐이다. 권리금을 줄 돈을 아껴 그 돈으로 손님과 대등하게 싸우는 운전 자금으로 쓰자.

권리금을 쓰면 별 생각 없이 지나치는 저관여 자리를 얻게 된다. 누구나 다 아는 자리를 차지하게 된다. 반대로 권리금을 주지 않으면 지도를 봐야 찾아갈 수 있는 난이도 높은 고관여 자리를 얻게 된다. 쓰지 않은 권리금으로 고관여에 맞는 시설에 투자하거나, 서비스에 투자하자. 그러면 그게 소문이 날 수 있다. 이를테면 다음과 같은 것이다.

"시골길에 희한한 자리에 식당이 있는데, 시설이 꽤 괜찮아. 시골이라고 무시하고 들어갔다가 깜짝 놀랐다니까. 그리고 서비스가 말도 마. 도심보다 더 근사하더라고, 직원들 태도도 좋아."

그렇게 해서 찾아오게 하는 것이다. 당신이 생각하는 권리금의 액수가 얼마이건 간에 그 돈이면 이런 결과를 만들어 낼 수 있다. 그래서 당신은 상권 분석에 연연할 필요가 없는 것이다. 누구나 단박에 찾는 자리가 특이한가? '세상에 그런 자리에 식당이 다 있더라고?'가 특이할까?

필자도 10년 전에는 이런 소리는 허망한 소리라고 했다. 손님이 찾아오게 만든다는 것이 뭔지를 모를 때는 지금과 같은 소리가 장사의 원투쓰리도 모르는 공상가의 헛소리라고 흉을 봤다. 하지만 지금은 그 공상가가 되어 승률 8할을 만들고 있다. 권리금을 쓰지 않으면 돈 쓸 곳이 넉넉해진다. 그 돈을 손님을 유혹하는 소재와 기술에 사용하자.

가식은 들통난다.
맨얼굴은 5분이면 다 보인다

식당을 차리면 음식만 잘하면 될 거라 생각하지만 실상은 그렇지 않다. 홍보도 못지않게 신경을 써야 한다. 3~4년 전만 해도 블로그 하나만 잘 노출해도 됐는데, 이제는 인스타그램과 페이스북까지 챙겨야 한다. 소비자들이 즐겨 찾는 정보의 취향이 변했기 때문이다.

그렇다고 블로그를 포기할 수 있는 것도 아니다. 그건 그것대로 해야 한다. 마치 배달 전문점들이 배달앱에 광고한다고 책자 광고를 포기할 수 없는 것처럼 식당 홍보도 할 수 있는 곳은 다 해야 한다.

그 어떤 것도 하지 않고, 자발적으로 되게끔 하는 게 가장 좋은 방법이지만 열에 하나 정도만 거기에 해당될 뿐 대부분은 끊임없이 노출해야 한다. 그만큼 식당은 레드오션이다.

중요한 것은 어떻게 노출할까가 아니다. 노출할 것이 얼마나 가치 있는 사실인가, 남과 다른 차별성이 있는가가 관건이다. 특징도 없고 자랑거리도 없는데 홍보를 해서 손님을 모은다는 발상은 사실 가소롭다. 손님을 어찌 그리 바보로 아는지 모르겠다. 제대로 된 식당 오픈 준비도 없이 덜컥 홍보에 돈을 써서 그걸 본 사람들이 갑자기 밀려들게 되면 주방과 서빙의 손발이 맞지 않고 허겁지겁한 상태가 된다. 결국 그 많은 사람을 돈 주고 불러 모아서 그 많은 사람에게 '우리 식당은 이렇게 허접하니까 앞으로 다시는 오지 마세요.'라고 광고하는 꼴이 된다.

그렇게 어리석은 사람이 어디 있냐고 생각할 것이다. 그런데 있다. 당신이 내는 그 홍보 콘텐츠에는 사실 그 어떤 특징도 없다. 그래서 힘들게 불러 모은 블로거들이 쓸 말이 없으니까 "사장님 인상이 좋으세요.", "참 친절하고 식당이 깨끗해요.", "반찬이 정갈해서 집밥 같아요." 등의 이야기만 나열하는 것이다. 그들도 뭔가 그럴듯한 말을 써 주고 싶은데 그런 것이 당최 없으니까, 인사치레만 하는 것이다.

혹시 블로거의 눈썰미가 뛰어나고 문장 실력도 상당해서 있는 사실보다 더 폼 나게 식당을 홍보해 주었다고 치자. 그래서 손님이 오게 되면 뭐가 달라질까? 어차피 와서 보면 그 말이 거짓이었음이 들통날 것이고, 그래서 실망할 것이고, 그 실망은 분노로 이어져 더 극한의 반대편 사실을 부각시키게 된다. 이처럼 가식이 들통나는 데 걸리는 시간은 5분이 채 되지 않는다. 그런 가식을 느끼도록 손님을 모으는 데는 여러 날, 수백만 원의 비용이 드는 데 말이다.

홍보는 당연히, 무조건 해야 한다. 가만있다고 누가 해 주지 않는다. 손님에 의해서 저절로 홍보가 되기까지는 무조건 내가 먼저 홍보에 돈을 써야 한다. 그런데 내 식당의 자랑거리, 강점을 갖춰 놓은 후에 해야 성공한다. 진짜 '이것은 내가 1등이다.'는 자신감이 있을 때 해야 한다. 오픈했다고 하는 게 홍보가 아니다. 그건 제 돈으로 늪에 뛰어드는 자살특공대일 뿐이다.

과거에는 눈 가리고 아옹 하는 것이 금세 들통나지 않았다. 확인을 위해 걸리는 시간이 나름 있었기 때문이다. 하지만 지금은 5분이면 카카오스토리, 페이스북, 라이브 방송을 통해서 내 거짓이, 허세가 금세 퍼진다. 5분이면 수천 명이 내 식당에 지옥 같은 댓글을 다는 시간으로 그다지 모자라지 않다. 그렇게 달라졌다.

장점을 소개하지 마라. 그건 별로 도움이 되지 않는다. 남들이 따라 해내지 못하는 강점을 소개해라. 그래야 궁금해진다. '라면사리를 공짜로 드립니다.'는 그저 장점이다. '라면사리를 얼마든지 드시라고 테이블에 산더미로 쌓아 두었습니다.'가 강점이다. 남들은 겁나서 따라 하지 못하는 것, 바로 이런 것을 노출해서 홍보하는 것이다. 거기서 거기인 자랑질이 아니라 맘먹으면 따라 하는 가벼움이 아니라 진짜배기 알짜를 만들어서 노출해야 한다.

식당은 모일수록 불편하다. 혼자 1등이 되자

과거에 식당이 도토리 키 재기였듯이 손님의 니즈도 거기서 거기일 때는 같은 업종이 모여 있을수록 좋았다. 그래서 당시 필자도 강연에서 과점 상권에 들어가라는 내용을 강조했다. 너무 많으면 곤란하지만, 비교당할 수 있는 유사 업종이 몇 개 있는 상권에 들어가는 것이 훨씬 좋다는 충고였다. 하지만 지금은 다르다. 손님이 더 이상 거기서 거기인 음식에는 흥미가 없다. 애써 찾아낸 맛집이 허망하게 비교 한 방에 끝나는 것을 원치 않는다.

- 오직 황태칼국수 하나만 하는 집
- 그 길에 식당이라고는 딱 거기 하나뿐인 집

- 간판이 없는 집

- 손님이 서빙해야 하는 집

- 셀프로 먹는 반찬이 기막히게 잘 나오는 집

- 주인의 얼굴을 볼 수 없는 집

- 한 번만 가도 주인과 친구가 되는 집

사람들은 이렇게 뭔가 확실한 콘셉트, 다름, 차이에 관심을 준다. 맛이 있건 없건 상관없다. 더 이상 그들에게 맛은 중요한 테마가 아니다. 어차피 식당은 조미료 맛이고, 때로는 맛보다 다른 이유로 먹는 즐거움이 더 크다는 것을 깨달았기 때문이다.

수십 개가 모인 먹자골목에서 1등을 한다는 것은 참 어려운 일이다. 그러나 혼자서 1등 하는 것은 일도 아니다. 문제는 1등의 가치다. 진짜 아무런 특징도 없이 그저 혼자여서 되는 1등은 가치가 없다. 그러나 그것 때문에 오는 손님들이 있는 식당이라면, 드러난 외형의 이유가 홀로였다고 폄하하더라도 상관없다. 남들이 빈정대듯이, 혼자서 하는 장사라서, 갈 데가 여기뿐이어서 가는 것이라고 평가하든 말든 상관없다. 찾아오는 손님이 있다면, 그 찾아오는 이유가 분명하다면 결국 그 볼륨은 커질 것이고, 그로 인해서 주변 상권에도 영향을 미칠 것이다.

권리금을 주지 않으면 그 돈으로 강점을 만들어 낼 수 있다. 그 돈으로 컨설팅을 받을 수도 있고, 요리 비법을 배울 수도 있다. 권리금을 주지 않으면, 비싼 월세를 내지 않으면 그 모든 것이 가능해진다. 프랜차이즈를 하지 마라. 그들은 사람 왕래가 많은 곳에 자기 브랜드 간판을 내걸고 싶어한다. 그래서 자꾸 익숙해지도록 만들어서 더 많은 가맹점을 내는 것이 목표다. 거기에 점주 본인의 재산을 투자하면서 동조해 줄 까닭이 없다.

프랜차이즈 본사가 난색을 표하는 자리에서 창업해라. 그렇게 아낀 돈으로 어설픈 장점이 아니라 끝내주는 강점을 만들어라. 그래야 좋은 산수를 할 수 있다. 큰 돈을 쓰지 않았으니까, 비싼 월세를 내지 않으니까 손님에게 이로운 계산을 할 수 있다. 얼마든지 손님에게 먼저 내줄 수 있다. 그런 마음가짐은 사라지지 않는다. 그 좋은 상차림은 인구에 회자되고, 기록되어 남는다. 그리고 그것이 쌓이면 강한 식당이 되어 손님이 줄 서는 집이 된다.

고수는 바쁘다.
겸손을 다짐하는 고수는 피해라

필자도 페이스북을 시작한 지 7개월쯤 되었다. 이제는 좀 나아졌지만 처음 한동안은 멘붕이었다. 나름대로 전문가라는 사람들이 연예인도 아니고, 자기 스케줄 궁금한 사람도 없을 텐데 자기의 하루 일과를 고스란히 올리는 것이 어처구니없었다. 밥 먹고 한 줄, 커피 마시고 한 줄, 열차 타고 한 줄, 매번 무슨 고전 철학 같은 소리를 읊어대는 것에도 지쳤다. 어떤 근사한 말을 해야 자신을 봐주고 좋아요를 누를까에 환장한 것 같은 글들을 보며 하루에 열두 번도 더 때려치울 생각을 했다. 지금은 그런 페이스북 친구는 차단을 하거나 팔로를 취소하는 것으로 눈에 보이지 않게 하니 살 만하다.

특히 창업 컨설턴트나 창업 관련 교수라는 사람들이 매번 자기 자신을 낮추고 매일같이 다짐과 결심을 하는 작태는 그야말로 한심의 극치를 이룬다. 다짐도 한두 번이다. 지키지 못해서 사과하고 다짐하는 반복은 아무런 의미가 없다. 겸손도 마찬가지다. 그것도 어쩌다여야지 매번 자기를 한없이 낮춰서 뭘 어쩌자는 건지 도통 이해가 가지 않는다. 그런 식으로 응원을 받아서 팔로를 늘리려는 속셈인지는 알 길 없지만, 단도직입적으로 말해서 그런 셀럽 흉내쟁이에게서는 당신이 원하는 것을 얻을 수 없다.

- 알맹이가 있는 사람은 굳이 페이스북에서 응원을 구걸하지 않는다.

- 진짜 바쁜 사람은 페이스북에 자기 일과를 올릴 시간이 없다.

- 자기 분야를 꿰고 있는 사람은 헛글로 유인하지 않는다. 할 말만 한다.

- 살을 빼겠다. 금연과 금주를 하겠다고 공표하는 건 지키지 못하는 심약함
  을 드러내는 반증일 뿐이다.

- 알맹이가 몇 개 없는 사람은 그걸 공개하지 못한다. 금세 바닥이 드러나
  기 때문이다.

- 핵심을 비켜 가는 수사가 근사할수록 정답을 모를 확률이 높다. 알면 에
  둘러 말하지 않는다.

- 진짜 바쁜 사람은 더 바빠지는 것을 버거워한다. 바쁜 척, 바쁘고 싶음이
  간절할수록 자신이 바쁘다고 죽는 소리를 한다.

- 자신의 생각보다는 공유하는 자료가 많은 것도 비어 있는 것을 채우기
  위한 발악에 가깝다.

- 곳간이 넉넉한 사람은 궁상을 서민답다고 말하지 않는다. 자신이 의지해야 할 멘토가 궁상스러우면 좋을까? 믿음이 갈까? 건강한 삶과 궁상은 구분할 줄 알아야 한다.
- 노하우를 많이 기꺼이 공개하는 멘토를 찾아라. 그걸 아무렇지 않게 공유하는 배짱을 지녔다면 훨씬 더 많은 무기를 장착하고 있음이 분명하다.

체인 본사를 믿지 마라.
당신만 바보가 될 뿐이다

먼 남도에서 한 통의 전화가 왔다. 의뢰인은 파주에 있는 칼국수 브랜드의 체인점을 하고 있었다. 첫 달에 5,000만 원을 찍어 내심 기뻤는데, 본사 물류비가 3,000만 원이어서 기절하는 줄 알았다고 했다. 그 뒤로 하염없이 매출이 내려가 10개월이 된 지금은 2,000만 원을 겨우 파는데 월세가 300만 원이라 죽을 지경이라며 하소연하였다.

비단 이런 전화가 아니어도 필자는 너무나도 프랜차이즈의 폐해를 잘 알고 있다. 필자 역시 프랜차이즈 본사에서 근무했고, 필자의 첫 책이 바로 『거꾸로 보는 프랜차이즈』였으니 그 폐단에 대해서는 충분히 잘 알고 있다. 물론 모든 체인 본사가 나쁜 건 아니다. 개중에는 근사한 본사도 수두룩하다. 다만 규모가 커지고, 가맹점이 늘어날수록 착했던 본사도 나쁜 본사가 되어 간다는 게 아쉬울 뿐이다.

기업형으로 시작하지 않았어도 위의 사례처럼 필자가 생계형으로 만들어 준 작은 식당이 성공해서 프랜차이즈 사업을 시작했는데, 제대로 사업할 생각보다는 나쁜 이득에 눈을 떠서 창업자 피를 빨아먹는 일이 더 많은 게 현실이라는 게 슬플 뿐이다.

필자가 만들어 준 칼국수집, 닭갈비집, 초밥집 등이 현재 프랜차이즈 사업을 하는데 칼국수를 하는 사람은 "장소가 어디건 무조건 월수입 2,000만 원을 보장한다."고 호객을 하고, 닭갈비집은 2층도 아닌 3층에도 가맹점 내주는 짓을 서슴지 않는다. 초밥집 역시 가맹점주들이 재료비가 비싸서 남는 게 없다는 소리를 하는 걸 보면 마음이 아프다. 그렇다고 그런 사업을 못하게끔 조금만 성공하도록 해 줄 수 있는 것도 아니니 말이다.

나중에 컨설턴트 이야기도 하겠지만, 체인 본사는 초반에만 조금 믿는 파트너 정도로 생각하면 충분하다. 더 이상은 바라지 않는 것이 속 편하다. 그런데 공부가 부족한 창업자들은 불안하니 의지하며 믿게 되고, 그렇게 균형 잡을 수 없는 밸런스가 이런 뻔한 결과를 가져오는 것이다. 왜 나쁜 본사를 믿으면 안 되는지 그 이유를 정리하면 다음과 같다.

- 당신이 계약하는 본사는 사장이 아니라 직원이다. 그 직원은 퇴사하면 그만이다.
- 만일 본사 사장과 직접 계약서에 사인을 한다고 해도 안심은 금물이다.

계약서를 보면 당신에게 유리한 조항은 거의 없다. 문제가 생기면 책임질 일만 있지, 책임을 물을 조항은 없다.

- 체인 본사가 어디서 수익을 낼 것인가 생각해 보자. 가맹비가 수익의 전부라면 한 달에 1~2개의 가맹점을 내서 회사를 유지할 수 있을까? 그것으로 임대료며 직원 급여를 줄 수 있을까?

- 대부분의 본사는 가맹비와 더불어 오픈 수익금을 챙긴다는 것은 알고 있지만, 문제는 그 규모가 얼마인지 모른다는 점이다.

필자도 늘 식당을 오픈하니까 필자의 투자비와 비교하면 무난히 예측할 수 있을 것이다. 나름 정확한 이해를 돕기 위해 평수는 30평을 기준으로 했다. 이보다 크면 비용이 다소 줄고, 이보다 작으면 더 올라간다. 특히 10평은 평당 창업 비용이 500만 원쯤 들어간다. 인테리어에서 차지하는 비용 때문이다.

"인테리어가 참 예뻐요. 멋진 가게네요."라는 소리가 나올 정도라면 총 창업비용은 평당 250만 원쯤이다.

"와우~. 정말 괜찮은데요. 여기 체인점인가요?"라는 소리가 나올 정도라면 평당 300만 원쯤 들어간다.

프랜차이즈 가맹비가 별도이듯이 컨설팅 수수료도 별개다. 그것을 제하고 들어가는 총 비용이다. 전기 승압, 가스 증설, 냉난방은 체인도 별도고, 필자도 별개다. 그래서 이것과 비교해서 '인테리어, 주방 설비, 그릇, 간판, 의·탁자'의 비용을 따져 보면 체인 본사가 얼마를 더 이득 보는지를 일정

부분 알 수 있을 것이다.

필자는 컨설팅 수임료 외에는 일절 탐하지 않는다. 업체의 이익을 빼더라도 그것을 점주에게 전가하지는 않는다. 그래서 지난 20년간 수많은 식당을 오픈하고서도 욕 한 번, 흉 한 번 잡힌 적이 없다.

사실은 당신이 별 수고도 하지 않으면서 식당을 차려서 돈을 벌겠다는 발상을 한다면 그 자체가 문제가 있다. 그러니 상대도 그 틈을 비집고 들어오는 것이다. 본사가 권하는 자리보다 자신이 직접 구하는 자리를 찾는 수고가 필요하고, 본사가 제시한 인테리어가 정말 제대로 된 것인지 강하게 따질 줄 아는 배포도 필요하다.

본사가 광고 빨로 쌓아 올린 브랜드력에 힘입어 손쉽게 장사하려는 마음이 우선이라면 모든 것을 양보해라. 얼마를 먹든, 빼앗아 가든 군소리를 하지 말자. 그게 못마땅하다면 본인이 직접 하면 될 일이다. 어렵지 않다. 기존의 식당을 하고 있는 선배들에게 물으면 된다. 성의를 표하고 부탁하면 된다. 자신의 인맥을 하나둘 정도 거치면 반드시 그것을 풀어 줄 사람이 있다.

해 보지도 않고 몰라서 체인점을 한다는 소리를 할 거라면 그냥 본사의 노예가 되면 된다. 본인의 돈으로 본사 브랜드를 광고해 주고, 열심히 장사해서 재료를 팔아 주고, 로열티를 내주는 그 일을 업으로 해 나가면 된다. 가맹점을 하면서 이 책을 읽고 열받을 일은 아니다. 정말로 업어 주고 싶은 본사, 정말로 칭찬하고 세상에 내보이고 싶은 본사를 두고 있지 않은 이상 말씨름은 사절이다.

　체인 사업도 사업이다. 그걸로 돈을 버는 거다. 그래서 적정선이라면 얼마든지 그렇게 이득을 취해도 좋다. 장사까지 대신 해 줄 거라는 기대감은 버려라. 체인 본사에서는 식당을 차려 주는 일까지를 해 주고, 그 뒤는 본인이 풀어야 한다. 그 뒤까지 기대하고 체인점에 가맹하는 것이면 가맹하지 않는 게 좋다. 본사의 능력이 없어서가 아니라, 그렇게 남의 도움으로 하는 장사는 반드시 끝이 있기 때문이다.

　본사도 능력 있는 점주를 좋아한다. 능력이 있어야 브랜드 가치를 증폭시키기 때문이다. 그리고 본사에 대한 검증도 점주의 몫이다. 사업을 하는 사람이 자기 전과를 고백하면서까지 할 이유는 없다. 그걸 지우지는 못해도 숨기는 것은 당연한 이치다. 본사의 과실이나 허물을 찾는 건 점주의 책임이다. 입에 발린 립 서비스에 혹해서, 월수입 2,000만 원을 보장한다는 말에 넘어가는 점주도 절반은 책임이 있다.

컨설턴트를 믿지 마라,
도긴개긴이다

필자는 식당 경영에 대한 조언을 원하는 고객들에게 "저도 다 돈 벌자고 하는 일이니까 그렇게 믿지 마세요."라는 소리를 한다. 물론 그래 놓고 당당히 헛짓거리를 하지는 않는다. 그러나 한편으로 이건 사실이다. 필자를 만난다고 식당이 모두 성공하는 것도 아니고, 필자의 조언이 모두 정답은 아니기 때문이다.

그래서 필자는 성공하는 식당은 7할의 점주 노력과 3할의 필자 노하우 덕분이라고 고백한다. 립 서비스가 아니다. 실제로 필자를 만나서 성공한 식당은 점주가 부단히 노력을 했기 때문이다. 아주 드물게 점주의 노력과 필자의 조언이 역전되어 터지는 경우도 있지만, 필자는 그것을 강조하지 않는다. 그리고 필자 때문에 성공하는 것이 옳다고도 생각지 않는다.

필자는 방치하는 스타일인 데 반해 친구 컨설턴트는 아주 세심하게 돌봐 주고, 챙겨 주는 스타일이다. 그러다 보니 문제가 생기면 필자의 의뢰인들은 스스로 풀어 보려고 하는데, 친구의 의뢰인들은 한밤중에도 친구를 호출하곤 했다. 자생력이 있어야 스스로 자신의 인생을 살아가는 법이다. 매번 물어서 답을 찾는 일도 보통 어려움은 아닐 테고, 그렇게 얻어진 답이 살로 가는 것도 아니기 때문이다.

나중에 소개할 '하루 4시간만 문 여는 식당'의 돈가스 역시 필자는 "돈가스 위에 샐러드를 깔고, 그 위에 연어라도 얹으면 특색이 생기지 않을까?"라는 조언을 했고, 그것을 결과적으로 케이크 케이스로 연출해서 완성도 있는 상품을 만든 것은 바로 점주였다. 스스로 해내겠다는 의지가 있었기에 가능했던 일이다.

라면조차도 제대로 끓이지 못하는 필자가 그런 음식을 완성할 수는 없는 일이다. 그리고 그 영역이 필자가 해야 할 몫이라고도 생각지 않는다. 필자는 길잡이일 뿐이다. 다른 컨설턴트도 길잡이 정도가 맞다. 그러니까 컨설턴트가 자신을 믿고 무조건 따르라고 하는 말에는 사실 물러서야 한다. 그런 사람은 의뢰인의 마음에 그 안심을 심어 두고 자기 이득을 취하기에 열중할지 모른다. 세상에 공짜는 없다. 믿음도 마찬가지다.

불행히도 100% 사명감을 가지고 일하는 컨설턴트는 없다. 그저 직업이고 밥벌이일 뿐이다. 그러니까 하소연도 필요 없고, 의뢰한다고 해서 갑의 자세를 취할 필요도 없다. 적당히 기브 앤 테이크를 하면 된다. 제대로 공부해서 자기 할 말을 하고, 자기가 원하는 것을 취하면 된다.

필자처럼 내 돈을 들여서 모자란 창업자금을 지원해 주고, 빌려주고, 갚지 않아도 채근하지 않는 사람은 만나기 힘들다. 객쩍은 소리일 수 있지만, 필자는 창업자에게 빌려주고 받지 못한 돈이 1억 원이다. 빌려주고 투자해서 돌려받은 회수된 액수가 다행히 그 이상은 되어서 망정이지 죄 집나간 돈이었다면 필자도 가면을 쓴 악다구니처럼 사는지 모른다.

창업 자금으로 빌려준 돈	운영 자금으로 빌려준 돈	계약서 없이 동업 & 투자한 돈
청주 김밥집 1,500만 원(미수)	인천 고깃집 2,000만 원	남양주 호프집 6,000만 원
서울 초밥집 1,000만 원	화순 고깃집 1,000만 원	인천 백반집 5,000만 원(미수)
춘천 호프집 2,000만 원	서울 부대찌개집 2,000만 원(사망)	서울 고깃집 4,000만 원
서울 초밥집 2,400만 원	서울 낙지집 500만 원	서울 고깃집 3,000만 원
일산 호프집 500만 원	대구 고깃집 1,500만 원	
대구 부대찌개집 1,000만 원	대전 짬뽕집 1,300만 원	
안양 부대찌개집 500만 원(날림)	분당 카레집 700만 원	
서울 칼국수집 1,000만 원(날림)		
서울 부대찌개집 500만 원		

책을 통해서도 장사를 제발 잘했으면 하는 바람만 있을 뿐 다른 뜻은 없다. 그래서 책의 인세도 기부하는 것이다. 책을 내고 강연을 많이 해서 청중의 신이 되고픈 생각도 없다. 절대 사절이다. 성격상 리바이벌을 싫어 해서 강의를 지속적으로 하기도 어렵다.

컨설턴트라고 경험이 많은 것도 아니고, 컨설턴트라고 제대로 된 조언을 하는 것도 아니다. 사람마다의 차이가 있으므로 그 능력을 스스로 검증해 내야 한다. 컨설턴트를 만나서 검증하려고 하지 마라. 그들은 어쨌든 산전수전을 겪은 사람들이므로 도리어 당할 수 있다. 그러니 인터넷을 통해서 평판이나 실적을 샅샅이 조사하고 의뢰하는 게 현명하다.

컨설턴트라는 명함은 아무나 쓸 수 있다. 변호사나 의사처럼 자격시험이 있는 게 아니다. 그러니 누구나 써도 그만이다. 거기서 자기에게 맞는 사람을 고르는 것은 창업자의 몫이다. 자기를 믿어 주기를 바라는 마음에서 대화의 주도권을 잡는 사람은 피하는 것이 좋다. 당신의 이야기를 잘 들어주는 전문가를 찾아라. 당신이 알고 있지만 지나쳤던 실수를 잡아내서 어렵지 않게 문제를 풀어 주는 사람을 찾아야 한다. 침묵이 금이다. 단단한 사람을 찾아라. 어렵지 않다. 당신이 궁금해하는 그 멘토가 만든 식당에 가서 물어보면 금세 알 수 있다. 그렇게 자기에게 필요한 파트너를 찾는 일은 식당 창업에서 빠뜨릴 수 없는 중요한 첫걸음이다.

사고를 바꿔라.
할 것 없으면 식당이나 하지가 아니다

입버릇처럼 "직장 때려 치고 할 거 없으면 식당이나 하지 뭐."라고 말한다. 그냥 웃고 싶다. 필자도 직장에 다니던 20대에는 그런 소리를 했다. 괜찮다. 그렇게 생각하면서 직장을 잘 다니면 된다. 때려 치지만 않으면 된다. 오직 손님으로 식당을 이용하는 삶이기를 바랄 뿐이다.

돈을 벌려면 식당을 해야 한다. 직장에 다니면서 연봉 4,000만 원을 5,000만 원으로 만들려면 얼마나 힘드는가? 몇 년은 경력을 쌓아야 직급이 올라가 그만큼 올려 받게 될 것이다. 드디어 받는다고 치자. 연봉 5,000만 원이면 월 400만 원이 조금 넘는다. 그 돈으로 무엇을 할 수 있을까? 쓰고 남는 돈을 모아서 뭘 할 수 있을까?

보통 연봉 1억 원은 신의 연봉이니까, 그보다 좀 낮춰 8,000만 원을 목표로 잡아 보자. 뭘 해서 이 돈을 받을 수 있을까? 어떤 회사에서 어떤 직급으로 일해야 이만큼을 받을 수 있을까? 한 달에 700만 원씩 월급 받아서 중산층으로 산다고 치자. 절반 뚝 잘라서 저축을 한다고 해도 1년에 4,000만 원이다. 3년을 모아야 1억 원이 넘는다.

그 1억 원으로 당신이 얕잡아 보던 식당을 과연 차릴 수 있을까? 정답은 '없다.'다. 필자는 그 돈으로도 차릴 수 있지만, 당신은 차릴 수 없다. 권리금과 보증금도 안 되는 액수로 아무것도 할 수 없음을 깨닫고 좌절만 하게 될 것이다.

식당을 하면 어떤 일이 일어날까? 20대 중반의 나이에 닭갈비집으로 돈을 벌어 중고지만 BMW를 끄는 친구도 있고, 30대 초반의 나이에 3개의 식당을 운영하면서 월수입 4,000만 원을 버는 친구도 있다. 지방 국도변에서 4,000만 원을 투자해서 10년 만에 20억 원을 모은 칼국수집 사장도 있고, 창업자금 5,000만 원이 전부였던 생계형 창업자가 5년도 안 되어 가맹점 수십 개를 만들기도 했다. 1억 원이 안 되는 돈으로 차린 식당이 월매출 1억 원 클럽에 들어가기도 하고, 하루 10개의 테이블을 12회전, 15회전 하는 식당도 흔하다.

물론 모두가 이런 성공을 맛보는 것은 아니다. 앞에서도 밝혔지만, 직장 다닐 때보다 몇 배의 노력을 한 결과다. 중요한 것은 회사를 다닐 때 같은 노력을 했다 하더라도 그 열매가 이만큼은 될 수 없다는 점이다. 그게 식당의 힘이다.

필자의 책을 읽고 칼국수집으로 찾아와 월 300만 원 벌면 소원이 없겠다고 말했던 의뢰인은 벌써 6년째 18평 초밥집으로 월 매출 1억 원을 넘게 팔고 있다. 못해도 십수 억 원은 벌었을 것이다. 불과 6년 만에 말이다. 300만 원 벌이여도 모아 둔 재산이 있어 괜찮다던 그였다. 근데 십수 억 원을 더 번 것이다. 그것도 겨우 18평짜리 식당으로 말이다.

식당 창업을 권하는 것은 절대 아니다. 그럴 리 없다. 단지, 식당업이 마지막 선택지로 놔둘 만큼 허술하지도, 만만하지도, 값어치 없지도 않다는 점을 말하고 싶은 것이다. 앞으로는 5평에서 시작한 놀부와 같은 성공 사례는 없을지 모른다. 그러나 꼭 그런 성공만이 성공은 아니다. 남에게 손 벌리지 않고, 쓰고 싶은 것 쓸 수 있고, 갖고 싶은 것 가질 수 있는 만큼 자리 잡는 것도 성공이다. 직장 다닐 때보다 더 벌고, 직장을 그만두는 걱정을 하지 않아도 된다면 그것이 행복 아닐까?

식당을 하려면 체력이 받쳐 줘야 한다. 그게 안 되면 식당으로 성공하기 어렵다. 하루 종일 제한된 공간에서 12시간을 버틴다는 것은 육체적으로도, 정신적으로도 매우 어려운 일이다. 절대 얕봐서는 안 된다. 필자가 직접 식당을 하면 번번이 실패하는 까닭도 바로 이 때문이다. 가게 안에 있는 순간이 말할 수 없이 답답하고 갑갑하다. 아무것도 하기 싫고, 뭔가 이루어지는 것도 원치 않는다. 그러니 장사가 될 리 없다.

그러니 진심으로 식당에 뛰어들 마음이 있다면 무보수라도 좋으니 한 달만 경험해 보자. 남은 인생에서 한 달 비운다고 큰 일이 일어나지는 않는다. 그 한 달을 어떻게 경험하는가에 따라서 인생 자체가 바뀔 수도 있다. '식당이나 하지.'는 가벼운 생각의 결과다. '식당을 어떻게 해야 할까?'로 바꿔야 한다. 그렇게 진중하게 접근해야 좋은 멘토를 찾고, 올바른 공부를 하며, 가능성 높은 아이템을 만들어 내고, 얻으면 득이 되는 자리도 구할 수 있다.

6장

장사는 조삼모사다

장사를 잘하는 사람들은 생각 바꾸기를 잘한다. 이를테면 다음과 같은 것이다. 장마철에 채소 값이 오르고, 가을에 배추 값이 오르면 대부분의 식당은 장사해 먹기 힘들다고 하는데, 장사를 잘하는 사람들은 "1년 전체로 보면 오르고 내리는 것이 번갈아 있으니 결국 큰 차이가 없어서 하던 대로 합니다."라고 한다. 그래서 배추가 비싸도 김치를 내주고, 고기 값이 올랐다고 메뉴판을 즉시 고치지 않는다.

인건비도 비슷하다. 생각이 짧은 사람들은 값싼 노동력을 여럿 써서 사서 고생을 하는데, 고수들은 임금을 더 주고 실력 있는 사람을 쓴다. 그래서 얻어지는 인건비 효율성은 결국 인건비 절감이라는 결과로 온다는 것을 알기 때문이다. 초보가 테이블 5개를 버거워한다면, 프로는 테이블 10개도 커버하기 때문이다.

그래서 생각이 유연한 사람은 자기가 다 하려고 하지 않고, 그것을 잘하는 사람과 나누어서 일을 진행한다. 컨설팅도 비슷하다. 일절 할 줄 몰라서 의뢰하는 사람도 있지만, 경험이 풍부한데도 컨설팅을 맡기는 사람들이 있다. 그것이 훨씬 이득이라는 계산을 하기 때문이다.

필자만 해도 일 년에 거래처에 일거리를 수십 개 준다. 일반인은 아무리 경험이 많다고 해도 시장에서 인테리어, 간판, 주방기물을 구입할 때 해당 업체에게는 어쩌다 만나는 뜨내기손님이기 때문에 좋은 가격에 구입하는 게 생각처럼 쉽지 않다. 그것을 악용해서 무조건 뜯어내리려고 하는 거머리 같은 사람(사짜 컨설턴트)도 많다. 멘토를 구할 때 사전 조사는 당사자의 몫이다. 이름이 많이 알려져 있다고 해서 책 한 권도 쓰지 못한 사람에게 유명세에 기대어 의뢰를 하면 자발적으로 돈을 갖다 바치는 꼴이 되고 만다.

생각을 바꾸면 손님을 이길 수 있다. 손님을 제압해야 돈을 번다. 손님이 왕은 맞지만, 왕을 이기는 주인이 되면 된다. 어렵지 않다. 살을 내주고 뼈를 취하는 것이다. 그러기 위해서 그런 척을 하는 거다. 왕에게서 돈을 더 받아내어서 다시 되돌려 주는 것이다. 양심만 있으면 된다. 남의 돈에는 손대지 않는다는 양심 말이다.

필자가 존경하는 식당 주인 중 한 분이 하신 말씀을 꼭 전달하고 싶다.

"손님상에 나간 음식은 손님 거지, 내 것이 아니야. 그러니까 남긴다고 아까워하지 마."

이게 몸에 익으면 식당에서 금기시해야 할 재활용은 절대로 할 이유가 없는 것이다.

손님을 오게 할 것인가,
기다리게 할 것인가

장사가 어려운 사람은 손님을 기다리고, 장사가 쉬운 사람은 손님을 오게 한다. 물론 오게 하는 일도 시간은 필요하지만, 식당을 수년 심지어 십년을 넘게 했어도 여전히 손님을 기다리는 식당이 흔한 게 사실이다. 기다리는 식당의 특징은 오면 잘해 줄게다. 먼저 잘해 주는 법이 없다. 하는 거봐서 잘하겠다는 쪽에 가깝다. 그런 점이 아쉽다.

그 생각을 바꿔야 한다. 그것이 필요하다. 온 사람에게 바로 잘해야 한다. '괜찮게'를 넘어서 '끝내주게' 줘야 한다. 그래서 그 한 사람이 두 사람이 되고, 그 둘이 넷, 여덟이 되게 하는 게 장사 노하우다.

그런데 기다리는 쪽은 매번 이건 이래서, 다음에 한 번 더 하는 것 봐서, 저건 저래서 지금 잘해 줄 필요가 없다고 판단한다. 도대체 언제가 그

때인지 궁금하다. 기다리는 거야 천성이 그렇고, 취향이 그렇다고 치자. 그걸 배울 필요는 없으니 오게 하는 장사가 무엇인지 살펴보자. 손님을 오게 하려면 어떡해야 할까?

선택지가 많으면 손님이 좋아할까? 한 식당에 가서 소고기를 먹을까, 돼지고기를 먹을까, 오리고기를 먹을까 고민하도록 다양한 선택지를 주는 식당을 손님이 좋아할까? 손님은 의외로 결정장애가 심하다. 짜장면을 먹을까, 짬뽕을 먹을까를 가지고도 한참을 고민하는 경우가 흔하다. 둘 다를 갖고픈 욕심에서 빚어진 낭패감이다. 그래서 손님들은 선택지가 없는 식당을 의외로 반긴다.

무엇을 먹어야 할지 선택하는 일의 버거움에서 벗어나기를 바라는 마음이 있기 때문에 식당은 선택지를 줄이는 일이 우선적으로 필요하다. 부득이하게 솜씨가 좋고 재주가 좋아서 여러 메뉴를 해야 한다면, 식당이 먼저 우선순위를 표현해 주면 그나마 나을 것이다. 가지고 있는 메뉴를 구분해서 보여 주는 것이다. 베스트, 히트, 추천, 강추 등으로 설명하는 메뉴판은 꽤 괜찮은 역할을 한다.

선택지가 간결하다는 것은 메뉴가 적다는 뜻이다. 심지어 단일 메뉴인 온리원일 수도 있다. 가까운 곳에 사는 동네 사람이 식당에 자주 오는 경우는 드물다. 그들은 질려하기 때문이다. 아무리 맛있는 음식이라도 한두 번이다. 매번 그 음식 하나를 먹기 위해서 올 리는 단연코 불가능하다. 그래서 대부분의 식당은 메뉴를 늘린다. 바로 가까운 곳에 존재하는 동네 사람을 손님으로 잡기 위해서다.

그래서 '가까운 곳에서도 오지 않는 식당을 먼 곳에서 누가 올 것인가?' 라는 것으로 필자를 공격하는 경우도 있다. 틀린 말은 아니지만, 동네 장사는 뻔하다. 정해진 사람들을 위해서 밥을 해 주는 구내식당과 다를 바 없다. 그래서 동네에 새로운 식당이 생기면 한가해지고, 동네 사람들이 단체로 어디 놀러 가면 종일 놀게 된다. 동네에 큰 행사라도 있으면 인근 식당은 차라리 문을 닫는 게 이로울 정도로 매출 부침이 심하다. 그러다 보니 손님을 기다리는 장사에서 벗어나지 못하고, 늘 손님의 눈치를 봐야 하는 것이다.

선택지가 간결하면 먼 곳에서는 궁금하다. 우리 동네 가까운 식당은 죄다 여러 개를 파는데 옆 동네, 먼 동네에 있는 식당에서는 오직 해물돈가스 한 가지만 판다니까 궁금해진다. 궁금하니까 가 봐야 한다. 매번은 아니지만 기어코 한 번은 가야 한다. 그렇게 외부, 외지에서 찾아드는 손님들이 많아진다. 따라서 동네에 무슨 행사가 있건 말건, 동네에 대형 횟집이 오픈을 하건 말건 내 식당의 매출은 변동이 없다.

먼 곳에서 오는 사람은 우리 동네에 대해서는 관심이 없다. 오직 내 식당이 선보이는 해물돈가스에 대해서만 궁금해할 뿐이다. 이처럼 손님을 오게 하는 식당은 단골의 반경이 넓다. 반면에 기다리는 식당은 단골의 반경이 한 뼘이라고 할 정도로 작다.

지금 내 식당 단골들이 어디에 사는 사람들인지 따져 보자. 그리고 내 식당의 매출 편차가 심한 이유에 대해서도 생각해 보자. 손님이 찾아오는 식당은 매출 편차가 작다. 그것은 굉장히 무서운 차이다. 선택지가 단순할수록 사람들은 궁금해한다. 도대체 무슨 자신감으로 해물돈가스 하나만 1년 열두 달을 파는지 궁금하지 않을 수가 없다.

월세가 높다고
장사가 잘되는 게 아니다

상식적으로 월세가 비싸면 장사가 잘되는 곳이라고 생각하게 된다. 그만큼 유동인구가 많고, 소비자가 많이 존재한다는 뜻일 테니까 말이다. 그런데 간과하는 것이 수요가 많은 만큼 공급자도 많다는 점이다. 이 점은 조금만 생각하면 고개를 끄덕일 수 있는 상식인데, 이상하게도 창업을 하는 사람들은 목이 좋은 자리라는 것 때문에 콩깍지에 씌어 나머지 것은 생각하지 못하는 우를 범한다.

공급자가 많아서 좋은 건 건물주와 소비자뿐이다. 물론 재료를 대는 도매상들도 좋다. 서로가 장사를 하는 경쟁자만 불편할 뿐 다수는 득을 본다. 메뉴가 같아야지만 경쟁자가 아니다. 먹거리를 취급하는 모두가 경쟁자다. 심지어 편의점도 식당의 경쟁자다.

월세가 500만 원이라면 가게 평수는 얼마나 될까? 도심, 번화가, 역세권, 유동인구가 많은 곳이라면 20평일 수도 있다. 강남이나 명동이라는 아주 특수한 상권이 아니어도 목 좋은 곳이라면 이 정도 액수에 30평 이상은 흔하지 않다고 봐도 과언이 아니다. 500만 원쯤이면 가게 평수도 50평 이상은 될 테지라고 생각한다면 현실을 전혀 모른다고 봐야 한다. 현실을 모르니까 창업은 더 실패할 확률이 높다.

500만 원의 월세를 내려면 최소 하루에 150만 원 이상을 팔아야 한다. 한 달 30일 내내 영업을 한다는 가정 아래, 3일치의 매출로 월세가 나와야 한다. 일반적으로 재료비로 12일치, 인건비로 7일치를 지불해야 하므로 월세로는 3일치가 적당하다. 만일 월세를 4일 이상 벌어서 내야 하는 상황이라면, 그만큼 점주의 몫은 줄어든다. 그게 안 되면, 주인이 직원보다 벌이가 약한 역전 현상도 심심찮게 벌어진다.

장사를 잘해서 500만 원 월세를 거뜬하게 낼 수 있으면 좋으련만 그게 쉽지 않다. 그게 어려우니까, 자신이 없으니까 목이 좋은 자리를 가기 위해서 비싼 월세를 지불하는 악순환의 꼬리를 무는 것이다. 그런데 분명히 말하지만, 목이 좋다고 장사가 잘될 거라는 기대는 버리는 것이 낫다. 1990년대까지 아니, 2000년 초반까지는 목으로 식당 매출이 안정되었을지 모르지만, 지금은 절대 그렇지 않다.

장사는 목이 아니다. 목이 좋은 곳에는 경쟁자가 너무 많기 때문에 목으로 장사하면 된다는 고루한 생각은 필패할 수밖에 없다. 실력도 갖추고,

자금도 갖추고서 목이 좋은 자리를 잡는다면 그나마 덜하지만, 자금도 부족하고, 실력도 미천한데 오직 목으로 승부를 기대하는 입장이라면 그건 무조건 틀렸다는 점을 다시 한 번 대놓고 말하고 싶다. 반드시 실패할 것이다. 미안하지만 이 말을 번복할 마음이 없다. 현실이기 때문이다.

그래서 상권 분석 따위에 목숨 거는 일도 필자는 반대하는 쪽이다. 당신이 잘 구한 좋은 상권은 순식간에 사람들이 따라붙는다. 괜히 젠트리피케이션이 생기는 것이 아니다. 아무것도 아닌 상권이 소상공인들의 노력으로 순식간에 값어치가 올라가는 것은 역설적으로 이제 목은 입지 자체가 갖는 힘보다는 테마로 사람들이 구경할 거리가 있을 때 더 힘을 얻는다는 것을 의미한다.

몸이 가벼우면 버티는 시간이 길어진다. 월세가 100만 원이면 하루 목표 매출은 30~40만 원이어도 버틸 수 있다. 하루 150만 원을 넘겨야 하는 월세 500만 원보다는 훨씬 마음도 가볍고, 목표도 해 볼 만한 것이 된다. 간단하게 정리하자면, 월세가 싼 곳은 목이 나쁘고, 그래서 경쟁자가 많지 않고, 내가 조금만 잘하면 돋보이기 쉽다는 것이다. 게다가 사람들도 변했다. 번화가의 멋진 식당보다는 구석진 곳의 특이한 식당에 관심을 갖는 일이 더 흔해지고, 그것의 일반화가 지금 진행 중인데, 앞으로도 점점 더 그러해질 것이다.

100만 원 월세를 가지고 상권을 스스로 만들면 된다. 어떻게 해야 하는 지는 이미 다 설명했다. 어떻게 파는 게 손님을 이롭게 하면서, 줄 세우는 식당이 되는지를 실제로 필자가 만든 식당의 사례로 이해를 도왔다. 이제 당신이 결정하면 된다. 자발적으로 월세 노예를 살 것인지, 건물주에게 고 맙다는 소리를 들으면서 편한 식당을 꾸려 갈 지는 본인이 마음먹기 나름이다.

투자가 크다고
성공에 가까운 것이 아니다

투자를 많이 하면 많은 것이 좋아야 하는데, 3억 원이나 1억 원이나 투자의 내용은 큰 차이가 없다. 권리금과 보증금을 얼마나 주었는가의 차이일 뿐이다. 결국 자리 값에 투자하는 것 외에 실질적 창업 비용은 거기서 거기라는 뜻이다.

2017년 현재 대한민국 서울에서 역세권에 식당을 하나 차리려면 최소 3억 원은 필요하다. 권리금으로 1억 5,000만 원 이상, 보증금으로 5,000만 원 이상을 줘야 한다. 2억 원이 넘는 돈을 쓰고 나서 남는 돈으로 시설을 한다. 그렇다면 필자처럼 보증금 2,000~3,000만 원을 주고, 권리금은 없는 가든 식당을 창업하는 것과 큰 차이가 없다.

다른 건 그뿐이 아니다. 3억 원을 주고 창업했지만, 주변을 둘러보니 나와 같은 입장의 식당이 널렸다. 다들 제 돈인지 빌린 돈인지는 모르지만, 어쩌면 그렇게 많은 식당이 반경 100m 안에서 피 터지게 경쟁하는지 뒤늦게 체감하고 놀라게 될 것이다. 갑자기 자신감을 잃을지도 모른다. 저렇게 많은 경쟁자와 손님을 나눠야 하는 현실에 미리 고개를 숙이고 뒤늦은 후회로 밤잠을 설칠지도 모른다.

권리금을 많이 주었다고 해서 자신감이 생기지도 않는다. 둘러보면 나보다 더 많은 권리금으로 더 좋은 자리를 차지한 사람도 흔하기 때문이다. 보증금을 많이 묻어 두었다고 든든한 마음이 드는 것도 잠시뿐이다. 보증금은 나가기 전까지는 입출금이 자유로운 통장이 아니기 때문이다.

그런데 시설에 투자를 많이 하면 자신감이 생긴다. 장사도 다소 폼생폼사인 면이 있다. 규모가 옆집보다 크면 그만큼 자신감이 붙고, 앞집보다 시설이 뛰어나도 어딘가 걱정이 덜하다. 인건비를 더 주고 좋은 사람을 채용하면 무조건 든든해진다. 바로 그런 돈에 투자해야 한다. 그러자면 쓸데없이 권리금이나 보증금에 많은 돈을 써서는 안 된다.

1억 원이면 충분하지는 않아도 무리는 없다. 일단 필자가 좋아하는 입지의 식당 자리들은 권리금이 없다. 보증금도 잘해야 3,000만 원이고 경우에 따라서는 1,000만 원도 가능하다. 월세가 비싸지도 않다. 제일 비싼 가든 식당의 월세가 400만 원이다. 평수는 무려 80평쯤 되는데 말이다.

이 책을 읽는 분들에게 용기를 주기 위해서 부득이하게 자랑 아닌 자랑을 해야겠다. 다음 투자금을 보고, 더 이상 권리금 노예살이, 월세 노예살이를 자청하는 일은 없었으면 좋겠다.

섬 같은 곳이라고 걱정하지 말자. 필자가 만든 담양의 돈가스집 유리창에는 "어쩌다 이 먼 곳까지 오셨나요?"라는 문구가 있다. 외진 곳이어도 괜찮다. 물론 도로가여야 하고, 주차장은 반드시 확보되어 있어야 한다. 그 2가지가 갖춰졌다면 도전할 가치가 있다. 내 식당의 무기가 확실하다면 경쟁자가 없는 곳에서 싸우는 것이 훨씬 이롭다. 무엇보다 월세가 싸고, 창업 비용은 1억 원 내외면 가능하다. 도심에서 차릴 돈이면 3개 차리는 것도 못할 바 없다.

특히 중요한 가치는 경쟁자가 없다는 점이다. 애초에 경쟁자가 없고, 내가 잘된다고 갑자기 경쟁자가 나타나지 않는다는 점은 매우 중요하다. 도심에서는 베끼는 것이 일주일이면 끝난다. 내가 먼저 시작한 원조지만, 후발주자가 돈으로 광고를 처바르는 순간 내가 짝퉁이 되는 일도 비일비재하다. 필자의 상권에서는 짝퉁이 될 리도 없고, 짝퉁이 금세 나타나지도 않는다. 너무 티가 나기 때문이다. 밀집되어 있으면 저 집이 그 집인지 헷갈리는데, 외곽에서는 그것이 통하지 않는다. 그러니까 베끼는 일도 사람인 이상 눈치가 보여서 쉽게 따라 하지 못한다.

투자를 많이 했다고 으스댈 것 없다. 나중에 꼭 받는다는 보장도 없는 권리금에 수억 원을 쓴 것이고, 장사를 할 때 필요하면 꺼내 쓸 수 있는 돈도 아닌 보증금에 뭉텅이 돈을 박은 것이기 때문이다.

번성하는 식당은
예약을 받지 않는다

예약을 받지 않는 식당은 오히려 믿을 만한 곳이다. 이유는 간단하다. 버려지는 시간이 아깝고, 그 시간에 다른 손님을 받지 못하는 게 싫어서 피하는 것이기 때문이다. 저녁 6시에 10명쯤 예약을 해 보자. 일찍 오는 사람은 30분쯤 일찍 와서 자리를 차지하고, 맨 마지막에 오는 사람은 30분쯤 늦게 와서 헐떡거린다.

그게 단순한 친목 모임이면 제시간에 음식을 시켜서 먹기라도 하는데, 중요한 모임이라면 늦은 사람이 도착할 때까지 음식을 미루는 경우가 생긴다. 먼저 와 있는 손님이 아직 오지 않은 한두 사람 때문에 조금 있다가 내 달라는데 어쩔 것인가?

그렇게 되면 식당에서는 주방이 한없이 넓어서 그 음식을 따로 보관해

두고, 다른 테이블 주문을 준비할 수 있는 상황이 아니어서 결국 주문대로 들어온 음식을 내주게 된다. 그런데 예약 테이블에 최종 인원이 도착하면 정작 먼저 미뤄 달라고 해서 순서를 바꾼 음식을 갑자기 번갯불에 콩 볶듯이 요청한다. 참으로 어이가 없을 따름이다.

손님은 양보심이 없다. 자신들이 늦는 사람 때문에 미뤄 달라고 했다가, 도착하면 바로 내주지 않는다고 언성을 높인다. 그래서 번성하는 식당은 그런 꼴을 보기 싫어서, 또한 앞뒤로 잘라먹는 1시간이 아까워서 예약을 받지 않는다.

예약한 손님들이 내 식당에서 비싼 음식을 팔아 줄 거란 착각도 금물이다. 번번이는 아니겠지만, 예약할 때 '가서 주문할게요.' 하는 사람들치고 비싼 음식을 시키는 경우는 없다. 싼 음식을 예약했다가 식당이 거절할까 봐 말하지 않는 것이다.

예약이 많은 식당이 매출이 좋을 것 같지만, 그건 한가한 식당과 비교했을 때뿐이다. 예약의 이유도 살펴봐야 한다. 왜 우리 집을 예약하는지를 알아야 한다. 혹시 충격적인 말을 듣더라도 놀라지 마라. 음식을 내주면서 손님들끼리 하는 말을 슬쩍 들어보자.

"아니, 왜 이 집을 예약했어? 내가 다른 곳 가자고 했잖아."

"어허. 이 집이 조용해서 좋잖아. 어디 가면 뭐 엄청 달라? 다 조미료 넣은 그 맛이 그 맛이지. 그래도 여기가 한가하잖아. 우리야 한가한 곳에서 남들 눈치 안 보고 오래 먹어도 뭐라 하지 않는 곳이면 되는 것 아냐? 알

왔어. 여기가 싫으면 다음에는 북적대는 대박 식당을 예약하자고. 근데 예약이 될는지 장담은 못해."

이렇게 예약하는 이유가 손님이 많지 않아 한가한 것이라면, 그 예약은 식당에 도움이 되는, 손님이 손님을 새끼 치는 일로는 절대 이어지지 않을 것이다.

단체 손님과
서로 이득을 얻는 산수

단체 손님이 오면 예약이든 아니든 상관없이 식당 매출이 오른다. 그런데 단체 손님이 자주 오면 식당 매출이 점점 떨어진다. 이것도 맞는 말이다. 바로 언제 오는가의 문제다. 일반 손님이 밀리는 시간대에 단체가 오면 그때부터는 전쟁이다.

왜냐하면 단체는 군중심리 탓에 상식적인 손님의 모습과 다르다. 소리가 커지는 것은 다반사고, 별거 아닌 말에도 큰 소리로 웃어 좌중을 압도하려고 한다. 한쪽은 반찬을 달라고 하고, 한쪽은 술을 달라고 한다. 있지도 않은 메뉴를 해 줄 수 없냐고 하는 사람도 있고, 괜한 농담으로 시비를 거는 사람도 있다.

문제는 이것을 주인만 겪으면 상관없는데, 곁에 있는 일반 손님들도 고스란히 겪는다는 점이다. 단체만을 위한 룸이 별도로 있다면 모르겠는데 대부분의 식당에는 그런 곳이 있을 리가 없다. 그러다 보니 고스란히 그 모습을 모두가 공유해야 하는데, 이게 한두 번도 아니고 잦으면 결국 일반 손님들은 시끄러워서 그 식당을 찾지 않게 된다.

그래서 단체는 피크타임에는 식당에 가지 않는 게 도와주는 일이다. 그러려면 식당이 단체가 그때를 피해서 오게끔 유도해야 한다. 거기서 식당 산수가 대단한 효과를 발휘한다. 영업이 끝나 가는 시간이나, 점심이 끝나는 시간에 단체를 유도하는 것이다. 어떻게? 바로 단체에게는 서비스를 듬뿍 내주는 거다. 그래도 손해가 아니다.

- 어차피 피크가 끝난 시간이라 매출이 발생하지 않는데 단체가 온다면 그
  건 덤이다.
- 서비스를 아무리 많이 줘도 서비스는 서비스 금액일 뿐이다.
- 심지어 본 메뉴를 하나씩 공짜로 끼워 줘도 손해가 아니다. 단체가 팔아
  주는 술값만으로도 남기 때문이다.

단체는 남들에게 과시하려는 심리도 있지만 길게 먹거나 오붓하게 먹고 싶어 하는 심리도 있기 때문에 제대로 된 서비스를 주겠다고 약속하면 얼마든지 시간을 당기거나 늦출 수 있다. 실제로 한 오리집에서는 필자의 컨설팅으로 매출이 올랐다.

공사 현장이 근처에 생겨서 인부들이 단체로 찾는 기회가 많았는데 그들이 자주 올수록 일반 손님들이 떨어져 나간다고 걱정을 하는 점주에게 "20명 이상의 단체가 오면 혜택을 주는 시간대를 정하세요. 그리고 4테이블(16명)에 1테이블(4명)은 서비스로 준다고 하세요. 그것도 서비스 테이블에는 가장 비싼 메뉴를 공짜로 준다고 하세요. 4테이블이 싼 메뉴를 시켜도 서비스 테이블은 제일 비싼 메뉴로 준다고 하세요."

그 결과 단체 손님들은 가급적 그 시간대를 이용하였고, 더 반전인 것은 서비스로 주는 그 테이블 값만큼 술을 비싸고 좋은 것으로 마시더라는 것이다. 그래서 결과적으로는 매출이 더 뛰고, 서비스로 준 음식은 판매가로는 10만 원이지만 실제 원가는 4만 원도 채 되지 않는데 술이 벌어주는 매출이 10만 원을 초과했다면서 필자의 조언을 고마워했다.

팔리지 않는 시간에 단체에게 팔면 남는다. 그러기 위해서는 통 큰 산수를 하면 된다. 그러면 결국 더 이득인 성적표를 얻을 것이다.

손님과의 기 싸움은 이렇게 별로 어렵지 않다. 뭐든 먼저 식당이 양보하는 자세를 취하면 된다. 그러면 거기에 손님이 빠져든다. 그래서 더 많은 값을 지불하고도 기분 좋아서 손을 잡고 퇴장하는 것이다. 이렇게 장사는 끊임없는 손님과의 수 싸움이다.

단체 예약 계산법

"거기 ○○○이죠? 저희 38명이 예약을 하려는데 방이 있을까요?"

"어쩌죠? 30명은 한 방에 들어가실 수 있는데, 나머지 8명은 홀에 있는 테이블을 이용하셔야 하는데요."

"아 그런가요. 알겠습니다. 다음에 다시 연락드리겠습니다."

이렇게 8명 때문에 30명조차 예약을 받지 못했다.

그래서 매출은 0이다. 발생시킬 기회조차 얻지 못했다.

"거기 ○○○이죠? 저희 38명이 같이 식사할 공간이 있을까요?"

"8분은 홀에서 드셔야 하는데, 그 음식 값은 공짜입니다."

"그게 무슨 소리인가요? 공짜라니요?"

"단체 룸에 들어가지 못하는 분들께 사과의 마음으로, 룸에서 시킨 동일한 음식을 곁에서 드실 수 있도록 무료로 드린다는 뜻입니다."

"스페셜을 시켜도 그런가요?"

"네. 저희 집 스페셜 65,000원짜리를 주문하셔도 8분이니까 두 상, 즉

130,000원은 값을 받지 않습니다."

"정말이죠? 정말 공짜 맞죠?"

"그럼요. 제가 왜 손님에게 거짓말을 하겠습니까?"

이렇게 8명을 버리면 30명을 받을 수 있다.

8명의 음식 값을 생각하지 않으면 30명의 주문 단가가 올라가게 된다.

4만 원짜리 모듬 A를 시킬 단체가 6만 5,000원짜리 스페셜을 주문하게 된다.

4만 원짜리를 9개 시킬 단체가 6만 5,000원짜리 스페셜 7개를 주문하게 된다.

36만 원 음식 값이 45만 원으로 뛰게 된다.

6만 5,000원 스페셜 두 상을 공짜로 주는 재료 원가는 불과 5만 원 정도(원가를 40%로 잡았을 때)밖에 들어가지 않는다. 5만 원을 포기했더니, 38명 단체도 기꺼이 오고, 8명 때문에 30명을 못 받는 상황도 일어나지 않고, 음식 주문 액수도 더 올라갔다. 잉여 인원에 대한 공짜 상차림으로 구전되어 회식 팀들이 늘어나는 결과도 나올 수 있다. 이 글처럼 딱딱 맞아떨어지지는 않더라도 충분히 기대해 봄직한 계산법이다.

식당에서 파는 술은
보관비로 생각하라

식당에서도 술을 판다. 술을 팔지 않는 식당은 휴게음식점이라고 한다. 햄버거나 샌드위치, 커피 등이 여기에 속한다. 하지만 떡볶이집에서도 술을 팔고, 닭강정집에서도 술을 판다. 그만큼 식당은 술과 떼려야 뗄 수 없는 사이다.

하지만 식당에서는 술이 많이 나가서 좋을 게 없다. 안주라고 불리는 것을 팔지 않기 때문이다. 된장찌개 하나 시켜 놓고 소주 2병을 마시면 식당이 좋을 리 없다. 테이블을 점유하는 시간에 비해서 매출이 작기 때문이다. 술꾼들은 김치나 멸치볶음만으로도 술을 마시는데, 김치나 멸치볶음에 값이 있을 리 없고, 있다고 쳐도 그게 얼마나 되겠는가? 그렇다고 해물찜 먹는 손님이 술안주로 해물찜 소를 하나 더 시킬 리도 만무하다. 감자탕 먹다가 술이 남는다고 감자탕을 추가로 시키지도 않는다. 서비스로 한 조각 더 줬으면 하는 사인만 보낼 뿐이다. 될 리 없다는 것을 알면서도 말이다.

술을 적당히 마시면 식당도 좋다. 가외 수입이라고 해도 무관하니 말이다. 술은 그저 보관만 했다가 내주는데 최소 2,000원 이상의 마진이 붙지 않는가. 하지만 이 마진을 탐하다가는 정상적인 식사 손님들이 싫어할 테니, 술은 가볍게 팔리게 해야 한다. 그래서 필자는 독주보다는 가벼운 술이 많이 나가도록 훈수를 둔다. 아무래도 맥주가 덜 취하고, 소주보다 여러 병 마실 수 있고, 맥주병이 테이블에 쌓인 게 소주병 쌓인 것보다는 옆 테이블 보기에도 덜 민망하다. 그런데 손님들은 맥주가 비싸니까 잘 마시지 않는다. 그래서 소주를 찾는다.

그렇다면 그걸 바꿔 주면 된다. 이때 국산보다는 수입 맥주를 이용하는 것이 좋다. 국산 맥주 가격으로 흥정하면 나는 괜찮아도 옆집에는 민폐를 끼치는 꼴이다. 국산 맥주와 소주는 옆집과 공평한 경쟁을 위해서 가격을 건드리면 안 된다. 하지만 수입 맥주는 옆집이 취급하지 않을 확률이 높으니 내가 얼마를 받든 관계없다. 적어도 옆집 눈치는 볼 필요가 없다. 그렇게 수입 맥주의 가격을 확 내려 받으면 된다.

대체로 호가든은 식당에서 6,000원쯤 한다. 싸도 5,000원이다. 그런데 필자의 식당에서는 3,500원이다. 들여오는 가격이 2,000원 초반 대니까 실제로 수입 맥주를 팔아서 남는 이득이 국산 맥주보다 못하다. 아사히도 4,000원이나 4,500원을 받는다. 이것 역시 잘 남아야 천 몇 백 원이다. 그러면 왜 필자는 이렇게 가격을 매길까?

- 식당은 밥 팔려고 차렸다. 술을 팔려고가 아니다. 술은 그저 덤이다. 덤에서 욕심내어 무엇에 쓰겠는가?
- 밥값이 비싸지만(필자의 식당은 대체로 비싸다), 술값은 싸다는 인상으로 희석하는 것이다. 다 비싼 게 아니라, 술값이 싸서 좋다는 쪽도 염두에 두는 것이다.
- 술이 싸면(수입 맥주를 흔하게 먹는 세상이지만, 그래도 식당에서는 아직까지는 드물다) 여러 병 마시게 되는 것은 인지상정이다. 국산 맥주 2병 팔 것을, 수입 맥주는 다른 곳보다 싼 값에 4병 팔 수 있다. 그러면 국산 맥주에 비해 마진이 적지만 실제는 더 남는 결과를 가져온다. 술은 내가 만들지도, 내가 추가 조리로 보완하는 수고도 없다. 그저 보관했다가 꺼내 가져다주는 정도에서 매출이 발생하므로 다다익선이다.

식당에서 손님에게 술을 권한다는 뜻은 아니다. 음주운전을 권장하겠다는 의도는 없다. 단지, 식당에서 술이 불가피한 선택지라면 그것도 손님과 서로 이득을 얻는 산수법으로 활용하면 좋다는 말이다. 적어도 술이 비싸서 팔리지 않고 자리만 차지하는 일보다는 팔려서 좋고, 손님도 싸게 마셔서 좋은, 양자의 이득을 위해서 별로 어렵지도 난해하지도 않은 계산법을 알려 주고 싶었다.

술 팔아서 얻는 마진을 포기할 수 없다면 술이 강한 식당을 하면 된다. 다시 말하지만, 당신의 식당은 밥을 파는 데 모든 포커스가 맞춰져야 살아남을 수 있다는 점을 명심해야 한다. 그렇게 거기에만 초점을 맞춘다고 해도, 살아날 확률이 20%도 채 안 된다는 점을 거듭 잊지 않기를 바란다.

영업시간은 길어도
4시간이 전부다

　주인이 식당에서 일하는 시간은 최소 12시간이 넘는다. 오전 11시에 문을 열려면 아침 장을 보는 시간을 최소한으로 잡아도 10시 전에는 나가야 하고, 밤 10시에 마감을 한다고 쳐도 뒷마무리나 청소를 마치면 밤 11시가 후딱 지나간다. 그래서 혹자는 편하자고 식당을 차렸는데 직장 다닐 때보다 훨씬 더 노동의 강도가 높다고 후회한다.

　세상에 직장보다 편한 일은 없다. 정해진 시간에 일하고, 휴일에 쉬는 직장이 식당보다 훨씬 더 편하다. 물론 야근을 밥 먹듯 하고, 휴일에도 나가서 일해야 하는 직장도 있겠지만, 그렇지 않은 직장도 없는 건 아니다. 무엇보다 식당보다 일하는 시간이 적다는 건 분명한 사실이다.

　그렇게 종일 식당에서 일을 하지만 실제로 영업에 활용되는 시간은 4시간 남짓에 불과하다. 점심이 잘되는 식당은 점심 때 2~3시간 정도 팔리고, 저녁에는 1회전이면 끝이다. 반대로 저녁이 강한 식당은 저녁 때 2~3시간 정도 팔리고, 점심은 1회전도 벅차다. 시간으로 평균을 내면 4시간이라는 점에 고개를 끄덕일 것이다. 이 4시간을 팔자고 나머지 6시간, 8시간을 준비해야 하는 것이다.

여기에 필자의 이기는 사고, 필자식 산수법을 대입해 보자. 점심이 강해서 2~3시간 정도라면 차라리 점심만 팔고 끝내는 거다. 어차피 점심이 강한 식당이니까 술하고 관계없는 저녁에는 1회전이 목표라면 점심만 영업함으로써 그 2~3시간을 4시간으로 늘릴 수 있는 방법을 찾는 것이다. 사람들은 점심에만 문 여는 식당이라는 소문에 더 궁금해하고, 찾아가 보려고 하지 않을까? 그래서 '낮 3시까지만 주문받습니다.'는 식당 멘트가 홍보로 퍼져 나가지 않을까? 뒤에 '하루 4시간만 문 여는 식당' 사례를 소개했으니 찬찬히 읽어 보기 바란다.

반대로 고깃집, 횟집, 족발집, 보쌈집 등 저녁이 강한 식당이라면 점심을 포기하고 저녁에만 문을 연다. '저녁 6시부터 12시까지 6시간만 문을 엽니다.'는 '낮 3시까지만 주문받습니다.'보다는 충격이 덜하긴 하지만, 장사를 하는 점주의 입장을 생각할 때 의미 있게 고민해 봐야 할 거리다.

하루 4시간만 문 여는 식당
—제크와 돈까스

식당의 영업시간은 10시간이다. 통상적으로 오전 11시나 11시 반부터 손님을 받고, 마감은 밤 10시쯤이다. 중간에 브레이크타임을 감안하면 10시간, 아주 엄격하게 말하면 9시간쯤이 영업을 하는 시간이다. 하지만 대부분의 식당은 점심에 1시간 남짓, 저녁에 길어야 2시간 정도가 바쁠 뿐이다. 손님과 실랑이하는 시간을 집중해서 모으면 채 5시간이 되지 않는다. 거기서 모자라게 되면 식당은 힘들다.

그래서 사실 하루 종일 하는 긴 영업시간은 피할 수 있다면 피하고 싶어 한다. 하루 4~5시간 영업으로도 충분히 매출은 올릴 수 있다는 계산을 하지만, 현실적으로는 두려움이 앞서서 실행하지 못한다. 그래서 필자가 작정하고 만들어 본 식당이 있다. 이유가 분명하고 사연도 있기에 하루 4시간만 문 여는 식당을 만들 수 있었다.

10시간 문 열지 않아도, 점심과 저녁을 몰아서 한 번에 파는 4시간의 산수로도 식당을 운영할 수 있음을 한 번쯤 보여 주고 싶었는데, 그 기회가 고맙게도 필자에게 주어졌다. 바로 2016년 가을이었다.

의뢰인과는 2015년 11월에 먼저 만난 적이 있었다. 5억 원이 넘는 돈을 투자해서 근사한 레스토랑을 열었는데 장사가 너무 안 된다고 했다. 4년간 소처럼 열심히 일했는데 식당과 삶은 나아질 기미가 보이지 않는다고 했다.

성실하고 착한 사람보다 약삭빠르고 눈치가 귀신같은 사람들이 돈도 잘 벌고 더 행복한 것 같다. 그 까닭은 '잘' 하는 것과 '열심히' 하는 것 사이에 상당한 간극이 있기 때문이다. 요령을 알고 하는 '열심히'와 뭐가 뭔지 모르고 그저 묵묵히 해 오던 대로 하는 '성실'은 다르다. 특히 식당에서는 더더욱 그렇다.

그래서 식당업에서는 나에게 유리한 셈법, 손님도 이득인 셈법을 자꾸

고민해야 한다. 그게 아니면 이 식당의 주인공처럼 수억 원을 투자하고도 삶이 팍팍한 상황에 빠지게 된다.

 필자가 권고한 것은 아니었는데 의뢰인은 중간에 업종을 한 번 바꿨다. 그 때문에 또 1억 원을 까먹었다. 그래도 후회는 없다고 하니 다행이었다. 후회와 바꾼 값으로는 1억 원이 적지 않은 돈이지만 어쨌든 후회가 없는 과정을 경험했기에 지금에 이른 건지도 모를 일이었다.

 하여간 두 번의 식당을 다 망하고, 마지막이라고 생각하고 긁어모은 돈과 대출을 받아서 마련한 돈이 7,000만 원이었다. 그 돈으로 식당을 차려야만 했다. 그래서 선택의 여지가 없었다. 자리가 어떤가를 떠나서 보증금이 싸야 했고, 월세도 비싸면 안 됐다. 거기에 권리금도 당연히 있으면 안 됐다.

 그런 자리를 찾아 전주에서 의뢰인의 고향 광주를 지나 담양까지 갔다. 담양에서도 차량이 많이 다니지 않는 길이라야 그만한 조건의 자리를 찾을 테니 들어가고 더 들어갔다. 그래서 지금의 가게를 얻었다. 50평에 보증금 2,000만 원에 월세 70만 원이라고 했다. 1년 넘게 비어 있던 가게여서 보증금은 1,000만 원으로 낮추고 월세를 80만 원에 계약했다. 6,000만 원의 돈으로 최선을 다해 시설을 했다. 정말 최선을 다했다. 의뢰인도 그랬고, 필자도 그랬고, 공사업체도 그랬다.

담양 하면 떡갈비다. 게다가 가든 식당이라면 누구나 한다는 백숙, 오리, 한우집들이 즐비한 그곳에서 뜬금없이 돈가스를 하라고 했다. 왜 그랬는가는 설명하지 않겠다. 이 책의 주제와는 무관한 기술이기 때문이다.

돈가스는 2인 기준으로 만들었다. 1인으로 만들었더니 너무 폼이 나지 않아서였다. 그래서 모든 메뉴는 2인 값을 매겼고, 필자의 식당이 늘 그러하듯이 몇 명이 먹든 신경 쓰지 않았다. 이 산수는 매우 유용하다. 1인분을 팔지 않으면 혼자서 4인석을 차지하는 심란한 꼴을 보지 않아서 좋고, 2인분이라서 보기에 푸짐해서 좋았다. 그걸 몇 명이 먹든 신경 쓰지 않는 자세는 손님에게 유리한 산수가 된다.

2인분 3만 원이라고 치면, 3명은 1만 원씩 먹는 셈이고, 4명이 먹으면 8,000원이 채 안 되는 계산이다. 그래서 손님들은 왜 모든 음식이 2인 기준이냐고 따지거나 기를 쓰고 덤비지 않는다. 자신들에게 나쁜 계산이 아니라는 것을 이해하는 순간 순한 양이 되기 때문이다.

2인분짜리 돈가스를 4명에게 2개를 팔면 더없이 좋지만, 그것은 주인의 계산법이다. 손님은 1개 반으로 만족하기 십상이다. 굳이 2개를 먹어야 하는 사명감이나 배려심은 없다. 식당과 손님은 전부터 알던 사이가 아니기 때문이다. 그래서 메뉴가 2인 기준일 때 적당한 곁들임은 여럿이 먹는 2인분의 식사를 돕는 좋은 포인트가 된다.

하지만 이것만으로는 어딘가 부족했다. 식당에게 유리한 강력한 산수가

필요했다. 손님이 그 산수의 덫에 빠져들 만한 강력한 무언가가 더 필요했다. 그만큼 절박했다. 6억 원이라는 적지 않은 돈을 날리고 담양까지 밀려온 인생을 건져내기 위해선 강력한 한 방이 필요했다. 그리고 그 한 방에는 반드시 명분이 따라야 했다. 명분이 없는 사연은 작위적이라 코웃음으로 마무리되기 때문이다.

전주에서 식당을 했습니다. 열심히 성실하게 일했습니다. 그래서 딸이 크는 것도 제대로 보지 못하고 살았습니다. 열심히 했지만 식당은 실패했습니다. 그래서 담양까지 왔습니다. 어차피 큰 돈을 벌어야 한다는 마음은 지웠습니다. 딸

을 위한 시간을 가지고 싶습니다. 딸과 저녁이 있는 삶으로 아빠의 죄를 조금

씩 갚고 싶습니다. 그래서 식당은 오후 3시까지만 문을 엽니다.

실제로 의뢰인의 진심이다. 이런 마음으로 영업시간을 정했고, 이런 마음으로 오픈하고, 6개월 동안은 부부 둘이서 장사하기로 다짐했다. 둘이서 하루에 돈가스 10인분 정도만 팔아도 행복하자고 약속했다. 우리는 지금 돈을 벌기 위한 장사가 아니라, 딸을 위해 최소한의 것을 버는 장사를 하는 이유라고 약속했다.

그 제크와 돈까스는 오픈과 동시에 입소문을 탔다. 하루 4시간만 문을 여는데 아빠가 딸을 너무 사랑해서라는 이유가 보태어져서 사람들이 줄을 서기 시작했다. 산수에 사랑이 입혀져서 히트를 친 사례다.

주말에는
볶음밥을 팔지 마라

주말이나 휴일에 볶음밥을 팔지 않으면 테이블당 한 팀은 더 받는다. 대략 볶음밥 때문에 10~20분을 더 머무니까 그런 계산이 선다. 식당에 테이블이 20개면 20팀을 더 받을 수 있는 것이다. 아구찜 1테이블에 5만 원씩 잡아도 100만 원이다. 그에 반해 식당이 착하고 최선을 다한다고 볶음밥을 해 줘서 얻는 돈은 2,000원×20개=4만 원이다. 2인분씩 해 줘도 8만 원이다.

당연히 식당은 장사로 돈을 버는 게 목적이지, 바쁜 날도 손님을 위한 답시고 2,000원짜리 볶음밥을 해 주는 게 중요한 게 아니다. 절대로 이런 순진한 착각은 버려야 한다. 식당이 그렇게 해 준다고 손님이 엄청 좋아할 거라는 순진함은 버리는 게 옳다. 주말에 볶음밥을 힘겹게 해 주는데도, 조금 늦으면 늦는다고 갖은 소리를 해대는 진상도 흔하다.

기껏 해 주고도 욕먹는다면 안 하는 게 훨씬 합리적인 계산이다. 문제는 아무런 설명 없이 안 해 준다고 하면 "돈 벌더니 싸가지 없어졌다."는 말을 들을 수 있다는 것이다. 엄청 흉보고, 그걸 또 퍼뜨리고, 갖은 소리로 식당을 당황스럽게 할 수도 있다.

그래서 그걸 예방해야 한다. 단순히 예방이 아니라, 거기서 반전을 만들어야 한다. '누이 좋고 매부 좋고'로 만들어야 한다. 물론 사실은 식당이 유리한 계산이다. 손님은 이득인 것 같다고 느낄 뿐 혜택은 몇몇만 갖는 그런 묘안을 짜 내는 것이다.

> 돈 벌어 배가 불러서가 아니라
> 기다리시는 손님들이 힘들어하셔서
> 휴일에는 볶음밥을 주문받지 못합니다.
>
> 대신 명함에 사인을 해 드릴 테니
> 평일에 오시면 볶음밥은 공짜로
> 곱빼기를 드리겠습니다.

- 휴일에는 기다리시는 손님들이 힘들어하셔서 볶음밥을 주문받지 못합니다. → 명분이 된다. 손님이 생각해도, 자기도 한참 기다렸다가 먹는다면 더더욱 이해가 간다.
- 대신 평일에 오시면 볶음밥은 공짜로 곱빼기를 드리겠습니다. → 이 명분 (거기에 곱빼기로 더 커진 명분)을 보고서 인상을 찌푸릴 사람이 있을까? 아마 없을 것이다.

주말에 온 손님이 평일에도 올 확률은 낮다. 아주 낮다는 게 현실적이다. 그런데 이런 문구를 보고서

- 이 내용을 따지거나 흉 볼 사람이 있을까? 물론 진상은 어떤 걸 해 줘도 진상이니 그 부분에 대해서는 신경을 끄자.
- 실제로 올 확률이 낮으니 평일 서비스는 아주 적을 것이다.
- 반대로 또 많으면 어떤가? 주말에 볶음밥을 팔지 않아서 더 벌었는데 그걸 못 줄까?
- 손님은 전체적으로 균형 감각이 있는 식당이라고 받아들일 것이다. 대부분은 아무런 설명 없이 '주말은 바빠서 안 돼요' 할 텐데 여기는 평일에 공짜로, 그것도 곱빼기로 보상한다니까 양심적인 식당으로 받아들일 것이다.

장사는 철저하게 내 이득을 위해서 푸는 것이다. 그러자면 손님에게도

이득이 되는 것을 함께 던지면 좋다. 아주 합리적인 명분이면서 기특한 정성으로 이해될 수 있다. 하지만 실제는 손님이 많이 이용하지 못하는 방법으로 풀어내는 것이다.

이렇게 휴일, 주말에 볶음밥 2,000원짜리를 팔지 않음으로써 얻는 것이 훨씬 더 풍성해진다. 이게 바로 필자의 쉬운 산수법이다.